八字五行
平衡之法

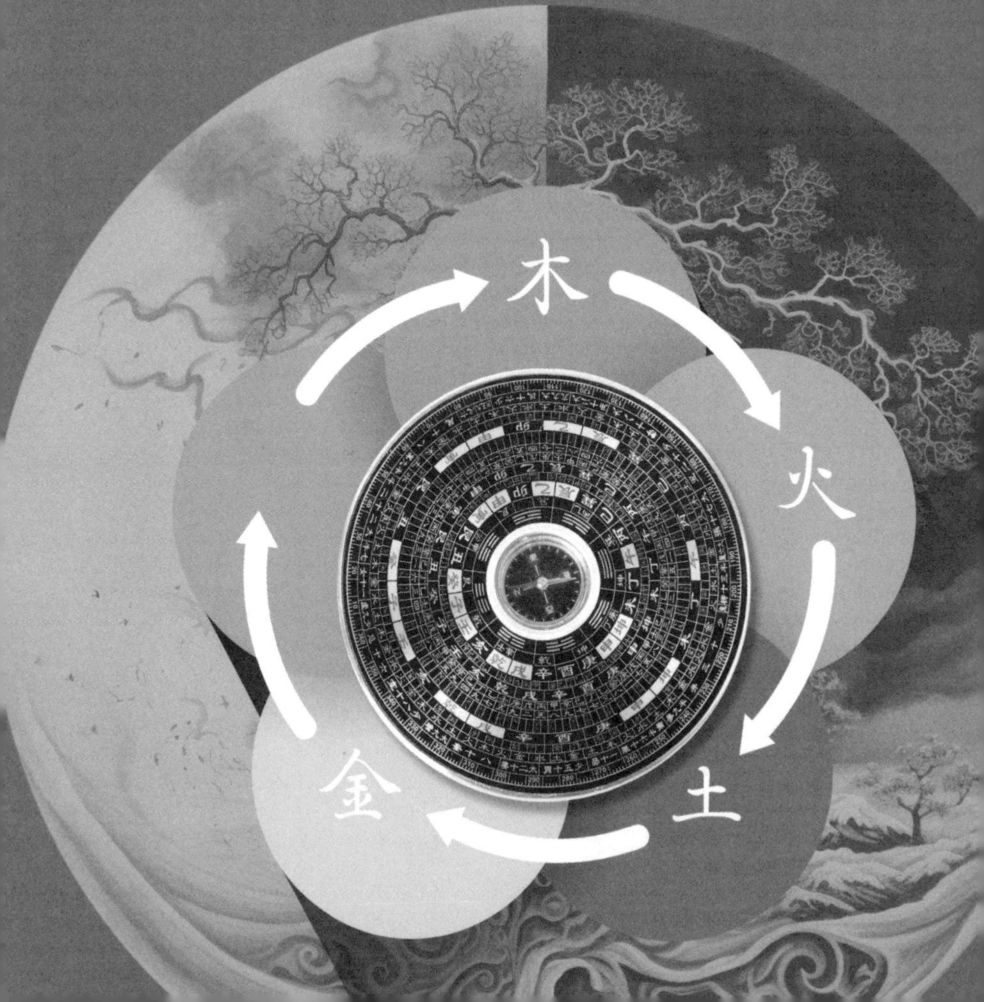

【推薦序】

當命理遇見佛法──同上高樓撞曉鐘

你相信命理嗎？

面對這個問題，許多人是懷著疑惑地信，所謂半信半疑。對我而言，這個問題和「你相信佛法嗎？」有著類似的狀態，要回歸到命理與佛法的本質為何，才能理性客觀地決定信與不信。

本書作者鈞綠言：「八字命理離不開五行生剋之理，五行循環存在於天地之間，生生不息。」可知命理的根本議題，是探究生命的真相為何？宇宙是按照什麼法則運行？

信，也要徹底明白才是信；不信，也要能說出個道理推翻它。才不會流於盲目。

這是我對於命理的態度，至於專業知識，做為一位出家僧人，我只能談談同樣探究宇宙生命實相及法則的佛法。

一、批判精神的當代實踐

三千年前，印度北方小國誕生一位王子，十九歲時目睹生、老、病、死，他的僕人告訴他：這是不可抗拒的宿命，沒有人能跳脫。

是這樣子的嗎？不順從宿命安排的王子踰城出走，尋師訪道，十一年後，在菩提樹下夜睹明星，徹悟宇宙實相的真理。

這是眾所周知的佛陀成道故事，我常想：如果十一年前的他沒有懷著批判的不信態度，而是接受所有社會既定成俗的論點，他將順利登上王位，成為歷史上一方霸主，而這個世界不會有佛教，也不會有三千年後學習佛法出家修行的我……。

幸而佛陀不信當時視為天經地義的宿命說詞，且在他覺悟之後，創立廣納四種姓依六和敬行止的平等僧團，廣宣佛法，倡議眾生皆可成佛的平等觀點，顛覆當時印度承襲已久的種姓制度傳統。

如果要說批判性，佛陀可說是批判主義的鼻祖，他顛覆的是亙古不變的信仰—眾生對輪迴的深信不疑。但他並非標新立異的發明一家之言，而是經過深刻修練後洞察生命的真相與宇宙萬物運行法則，其論證皆記載在三藏十二部經中，留傳後世。

然而，千經萬論，從何入手？有沒有一本條理分明綱舉目張的導讀書？是吾人常常急欲尋覓解決的議題。

二、統整與創新的五時八教

佛法自東漢傳入中國後，也面臨諸多教典流派數量龐雜，層次眾多，必須要有一種合理的分類方法。佛陀教法應對象根機，義理互有出入，教相判釋因此產生，以明佛陀言行之真意，建立貫攝全部佛法的綱領與體系。

自魏晉南北朝時期判教盛行，江南有三家，江北七家，判釋一代聖教，莫衷一是，直至隋朝智者大師（公元 538-597 年）創建天台宗，論難南三北七的教判，提出五時教、化儀四教與化法四教，合稱五時八教。和華嚴宗、法相宗之教判並爲漢傳佛教傳統通行之判教體系。梁內翰云：治世之道，非仲尼，則三皇四代之制，寢而不彰。出世之道，非大師，則三乘四教之旨，晦而不明。人稱東土小釋迦。

一千年後，明末蕅益智旭（公元 1599－1655 年）為批判天台學人高麗沙門諦觀所錄《天台四教儀》，提出「四教儀出而台宗晦」之論，重新以一代時教權實圖詮釋智者五時八教，名為《教觀綱宗》，短短五千餘字，統論如來一代時教的重點為「教」與「觀」。以頓、漸、祕密、不定之化儀四教，藏、通、別、圓之化法四教。輔以析空、體空、次第三觀、一心三觀為觀行，用十法成乘運修行人至涅槃圓滿境地。

智者及蕅益二位大師，依五時八教架構，將如來一代時教綱舉目張，依受教者不同根性、施教內容及方法等權實開合，使學人對如來教法，有提綱挈領、一目瞭然的正確認識，提供弘法者應病予藥、應機施教的三維向度弘化教戰地圖。

言歸正傳，為什麼要在命理書談這麼多佛教的歷史與流變？我想說的是：三千年來，許多如教觀綱宗這種用詞精練、結構完整的論著，歸納詮釋佛陀的教法，試圖從中找出其公式與脈絡。明瞭箇中玄奧，具批判精神審視出魚目混珠之徒者能有多少？又，理論雖然精妙，實際能運用自如者又有多少？

事實上，不論信佛或不信佛，真理存在著；宇宙依然如是運行；同樣，不論信命理或不信命理，生命就是照著一定的軌則在運行著。這些法則本就存在於天地之間，在不同的時空及文化背景中，用不同的語言文字詮釋記載留傳後世，或者是宗教，又或者是玄學。

對我而言，筠綠這本《八字五行平衡之法》在命理玄學領域所扮演的角色，猶如《教觀綱宗》在漢傳佛教中所扮演的角色，將是能留傳後世具有代表性的著作。

三、不信人間耳盡聾的低調行者

初識筠綠時，我猶懷著質疑的眼光看待算命這件事，後來筠綠姊姊啟請赴澳洲弘法，住在她們家，才有深談的機會。某日晚飯後，我問她能否簡單表述八字命理的原理，她拿出一張紙，畫了一個架構，用半小時論述日主屬性、五行相生相剋、氣候四季以及流年月日時等要素，其相互作用及所顯發的現象與事件，我知道我遇到最厲害的老師，不是因為她展現其學養的博大精深，而是其論述理路清晰、語詞簡要且精準明確。

其後與其相處共事，發現她的處世作風如是、言行如是，當然，一系列的書籍作品亦復如是。

最難得的是她始終堅守其品德與信念，縱使曲高和寡。她告訴我這本書不是寫給普通人看的，我很好奇就拿來看了，看了一章後，我很開心地回應她：我看得懂耶！（言下之意，我不是普通人）她回答：「字面上一定都懂，通篇沒有生難字，但這只是代表師父的國文程度好！」直到我答應要為書作序時，才知道自以為是的嚴重後果，外行人見樹不見林，到底門路在哪裡啊？

幸而筠綠寫了一篇自序，釐清整本書的脈絡與重點：介紹五行調和的原則，十天干日主的不平衡現象，以及調和方式。一如《教觀綱宗》，讓學習者綱舉目張，掌握通書要義。

「四十餘年睡夢中，而今醒眼始朦朧。不知日已過亭午，起向高樓撞曉鐘。起向高樓撞曉鐘，尚多昏睡正懵懵。縱令日暮醒猶得，不信人間耳盡聾。」二十歲出家時初讀王陽明的這篇《睡起偶成》，不能體會四十餘歲方醒悟的心境，只感動於「不信人間耳盡聾」信念。二十餘年後的此時，常常問著自己，是否在經歷如此多的人情冷暖後，內心仍保有「不信人間耳盡聾」的初心？如今為筠綠的新書寫序，心中感動著還是有傻子願意「起向高樓撞著曉鐘」，在這個失衡失序眾聲喧嘩的濁世。於是，命理小白的我，欣然為之序！

釋見輝
寶嚴山寶嚴禪寺宗務長

【序】

五行生剋之論，最早可追溯自漢朝，之後唐朝的李虛中，以天干地支搭配成八字，專取財官印綬以論得失。《滴天髓》相傳是宋朝京圖的著作，是一篇純以五行之盛衰，生剋之理氣，來推斷命運順逆，是屬於較多思辨哲學的名著，而之中的文筆精練玄妙，原文只有一千多字，卻深藏著陰陽五行的命理要旨。但它通篇都是採用賦的形式寫成，讓人在理解上相當困難。

從古至今，許多的命理學家都為其寫過評註，例如宋朝劉伯溫，清朝任鐵樵、徐樂吾、袁樹珊…等等，而近代的相關著作更是多不勝數。

清道光年間，任鐵樵畢生研究命學，他針對當時的命理學，因偏離陰陽五行生剋制化的正理，卻偏重於格局和神煞的問題，再結合他一生的命理實踐，去分篇增注、正本清源，才掃除迷誤，使命理學更加成熟。而他的八字命理著作，將《滴天髓》

加以詳細的舉例註疏，也成為八字命理學上的重要經典，對近代命理界的發展有相當大的作用。

《欄江網、窮通寶鑑、造化元鑰……》等書，都是坊間的一種「抄本」，但其內容都是大同小異，而書名卻被抄者自己給取名，才會形成同一本書卻有幾種書名的狀況。《欄江網》基本上，是依《三命通會》卷十一的五行時地分野為主，它是四柱八字命理學的古籍經典，「橫江置網，一網打盡」之意。但並未有署名作者和著作年代，而從書中大多列舉明朝名人的命例來看，可以判斷是著作於明朝，且當時僅是私人密錄式的抄本，或是僅供弟子們傳看的祕本。清末余春台的《窮通寶鑑》就是以這個為藍本所寫。

《窮通寶鑑》是中國的命理五經之一，與《三命通會》、《滴天髓》、《子平真詮》、《淵海子平》齊名。但幾百年間，由於傳抄錯誤甚多，余春台將欄江網加以整理、歸納。在民國時期，又經徐樂吾增補評註，而成《造化元鑰評註》，亦受到許多命理學者的青睞。

而窮通寶鑑，是諸多命理著作中較易懂的一部古籍，更重要的是，也是首次提出「調候」這個獨特的論命方法。主要是依據每月的實際氣候與日主之間的關係，依實際季節氣候的情況來論述命局。雖然《窮通寶鑑》像是一部命學字典，只要按照所引，的確既省時又省力，但相對的，也會變成生硬的套公式論命，在實際運用上也常會出現些不合理，可能有誤導的問題。

《淵海子平》是八字命理學上重要的著作，宋朝徐大升所著的《淵海》與《淵源》。後來明朝楊淙將兩書合為一冊，成為如今所流傳的《淵海子平》。全書分五卷，第一卷論述子平術數基本知識，第二卷論述子平諸格論命方法，第三卷至第五卷論六親、歌賦、詩訣。但其書理論為子平原始論法，與當今流行論法差異相當大，但依然有十分重要的地位。

《三命通會》是明朝萬民英所著，共十二卷，前九卷分列了十天干，每天干以日為主，以月為核心、時為輔，定人吉凶，而後三卷記載了很多經典賦文，是傳統命學類型，而非《滴天髓》與《窮通寶鑑》為理論，五行強弱、旺衰、平衡、調候、扶抑的論命體系。而《三命通會》的重要特點，它總結八字推命幾百年的發展，去蕪存菁，使八字推命能夠廣為流傳，亦把宋朝之前的古法，和後世子平法都做了比較詳細的總結。

基本上，八字命理離不開五行生剋之理，因五行循環存在於天地之間，生生不息，若要研究命理，則首先要瞭解五行元素，以及春、夏、秋、冬四季氣候現象，二類相互之間是如何的運作關係。

若把五行代入春、夏、秋、冬，再配合方位，東方寅卯辰屬春，春令陽和散泄為木；南方巳午未屬夏，夏季陽熱為火；西方申酉戌屬秋，秋令寒肅收斂為金；北方亥子丑屬冬，冬季陰寒為水。土居中央而寄四隅，艮（丑寅）巽（辰巳）坤（未申）乾（戌亥），四季交換之際，亦中央之意。順序相生，循環不斷；隔位相剋，所以相制，盛極則衰，否極則泰。過與不及，皆為乖道，命理之意，無非使其歸於中道而已。

最理想的論命方式，是將天干地支回歸到五行與氣候現象，再探討五行屬性的特性、作用與喜好，而若有缺乏，則需要運來助之，但重點是要維持平衡調和，才能最有效果且沒有後遺症，過與不及都容易有無法平衡的弊病。

雖然是簡單扼要的道理，但要如何精準拿捏分析，則需要一定的經驗累積，否則很容易牽一髮而動全身，會影響整個命盤的喜忌判斷，所以八字命理是容易、也是困難，是簡單、也是複雜，就看如何靈活運用五行規則，客觀拿捏，不能只是硬梆梆的套用公式，才能應對千變萬化的八字組合，能有更全面的判斷考量，而給出最理想的客觀建議。

本書的內容有三大部分，介紹五行調和的原則與喜忌，十天干日主的不平衡現象說明，以及調和方式與範例解說。

首先是五行的基本特性與天干地支的意義，再者說明五行運作與氣候環境的關係，接下來是干支的沖刑剋害介紹，另一重點是旺弱、喜忌的判斷，以及十神的意義與解說……，也就是命盤實務上所代入的解釋。這個部分是屬於八字命理的基礎部分，需要有一定的熟練，才能開始實作運用。

而第二部分的不平衡現象說明，主要是因所有的命盤都會經歷到，所謂的旺弱現象與不調和的狀況，所以則用十天干日主來分類，再加上月令季節，依每個範例命盤來做實務上的分析判斷，以及男女順逆運不同，做各別解說，像是命盤旺弱判斷、喜忌分析、以及可能現象及注意事項……。這個部分是屬於實作上，相當重要的一環，因為有許多細項跟考量，從理論上比較無法真正理解，但從命例分析時，則能較清楚的解釋。

第三部分，主要是從命盤的分析過程中，更瞭解八字五行運作的規則，以及有系統的用大方向去實證論命上的狀況。就像是數學解題，要先熟記基本的公式及運算規則，才能開始做應用問題，而且大量的練習之後，就能熟能生巧，累積實力。

在論命的實證過程中，都需要不斷地修正與調整，但重點是不管如何增減對於八字理論、公式規則……，甚至是古籍的依賴。

最重要的是，對於命盤的調和與平衡標準要抓緊，不能搖擺或不確定，也不能不顧到所有的可能性，重點依舊是「過與不及」都不算平衡。即使被論命者，目前的狀態是大老闆、有錢人，或是成功人士，都還是要回歸到基本的八字五行現象，才能夠用客觀且沒包袱的角度，去切入所有的命盤組合，才能有最準確的判斷分析。

筠綠

2023/03

【目錄】

第一章

五行調和原則

一 五行調和原則

1. 五行基本現象解說

八字命理分析，基本上是把所有天干地支，都轉換成五行在大環境中的運作，而命盤中的五行元素旺弱程度有差異，加上四季氣候的狀態，會造成相互之間的影響現象，這些現象就能解釋在命盤裡各方面的實際狀況，所以利用五行運作現象來做判斷，就可以瞭解各方面的大方向。而五行元素之間的互相作用，以及相互間的生剋影響，則能更細項的分析。

以下要介紹基本天干地支的意義與角色定義，以及所屬天干五行元素的生剋公式，還有地支之間的相關規則：

◎天干

天干一共有十個，依屬性分成五類，一陰一陽，兩兩一組。甲、乙、丙、丁、戊、己、庚、辛、壬、癸。

而五行屬性分別為，甲乙屬「木」、丙丁屬「火」、戊己屬「土」、庚辛屬「金」、壬癸屬「水」。

天干的角色定義：

- 甲：大樹，有著實質、堅硬樹幹。
- 乙：除了樹之外的植物，屬於軟莖類，可以是爬藤類、花草類等。
- 丙：太陽，照耀大地、給予大地溫暖。

- 丁：溫度，各種不同來源的溫度，屬於無形體但可以感覺到。
- 戊：高山，或較廣大厚實的土地。
- 己：規模較小的土，小丘陵、田園或平原。
- 庚：旺盛的氣流，或大風、強風，颱風或颶風。
- 辛：雲、霧，屬於較柔和的氣流。
- 壬：大水，規模較大的水，像是汪洋、豪雨、大河，或是大水壩。
- 癸：小水，規模較小的水，像是雨水、霜露、小溪水。

八字命盤裡「日主」天干之五行定義，及基本個性表現：

- **甲、乙日**：屬「木」，甲為陽木，乙為陰木。木主「仁」，仁慈善良、仁民愛物、溫和樸實、寬大有懷；但若太過則容易猜疑、成見深，及自以為是。
- **丙、丁日**：屬「火」，丙為陽火，丁為陰火。火主「禮」，熱心助人、謙和恭敬、感情豐富、性格光明；但若太過則容易急躁易怒、有始無終，及好大喜功。

- **戊、己日**：屬「土」，戊為陽土，己為陰土。土主「信」，穩重踏實、重視內涵、富同情心、包容力強；但若太過則容易枯燥無趣、不知變通，及不切實際。
- **庚、辛日**：屬「金」，庚為陽金，辛為陰金。金主「義」，剛銳堅毅、富正義感、精明幹練、不屈不撓；但若太過則容易逞強好勝、不知修飾，及無融通性。
- **壬、癸日**：屬「水」，壬為陽水，癸為陰水。水主「智」，理解力強、領悟力高、和善親切、急智多謀；但若太過則容易偏執己見、大起大落，及好高騖遠。

天干生剋化合沖現象：

- **五行相生**：木生火、火生土、土生金、金生水、水生木。
- **五行相剋**：木剋土、土剋水、水剋火、火剋金、金剋木。
- **天干化合**：甲己合土、乙庚合金、丙辛合水、丁壬合木、戊癸合火。
- **天干相沖**：甲庚沖、乙辛沖、壬丙沖、癸丁沖。

不管是相生、相剋，或是相合、相沖，在判斷上除了天干之外，地支也要一起考量，而且其實地支的影響會是最實質，也最重要。尤其是要先瞭解干支組合的旺弱及特質，在判斷各種互相的現象時，才會有更正確的拿捏。舉例來說，如果是水剋火現象，壬子與丙子，則的確是水剋火。但若是癸未與丁未，那就會因為水太弱而無法真的剋火，反而造成水更弱。

◎地支

十二地支，簡單來說就是代表農曆的十兩個月份，寅、卯、辰、巳、午、未、申、酉、戌、亥、子、丑。

當然還有所謂的十二生肖也是用十二地支來代表，也許大家會覺得生肖是每一年才換，應該是代表每一年，為何又是代表十二月份？其實地支會出現在年、月、日時四柱裡，不管是流年還是流月，甚至是流日，都有一組天干地支。

地支在八字論命裡，最重要的意義是它所代表的季節和氣候，因為五行元素在不同的季節和溫度裡，會有不同的樣貌和影響結果，所以地支明顯影響整個命盤的各種面向。

寅卯辰：代表春季，木旺。

巳午未：代表夏季，火旺。

申酉戌：代表秋季，金旺。

亥子丑：代表冬季，水旺。

在地支規則裡，土旺在四季，辰戌丑未，也都代表著土旺。但在八字論命時，土在夏季會是較旺盛的季節，因為火生土，火能讓土旺，所以火土旺在夏。

十二地支的代表月份和節氣：

寅：農曆一月，春季，稍冷，虎。陽。支藏天干：丙甲戊。

卯：農曆二月，春季，微涼，兔。陰。支藏天干：乙。

辰：農曆三月，春季，舒適，龍。陽。支藏天干：乙戊癸。

巳：農曆四月，夏季，稍熱，蛇。陰。支藏天干：戊丙庚。

午：農曆五月，夏季，炎熱，馬。陽。支藏天干：丁己。

未：農曆六月，夏季，燥熱，羊。陰。支藏天干：乙己丁。

申：農曆七月，秋季，濕熱，猴。陽。支藏天干：戊庚壬。

酉：農曆八月，秋季，微熱，雞。陰。支藏天干：辛。

戌：農曆九月，秋季，稍涼，狗。陽。支藏天干：丁戊辛。

亥：農曆十月，冬季，濕冷，豬。陰。支藏天干：壬甲。

子：農曆十一月，冬季，寒冷，鼠。陽。支藏天干：癸。

丑：農曆十二月，冬季，嚴寒，牛。陰。支藏天干：辛己癸。

地支所代表的是農曆月份，而天干在不同的月份會有很不一樣的面貌和狀態。像甲、乙木在春天很有展現，而在冬天就生長緩慢；丙、丁火在夏天是實質的熱度，而在冬天就沒有威力；庚、辛金在秋天活潑旺盛，而在夏天就較微弱；而壬癸水在冬天很冷很多，但在夏天就很缺乏。

地支三合會、六合及沖、害、刑現象：

- **地支三合**：寅午戌合火、巳酉丑合金、申子辰合水、亥卯未合木。
- **地支三會**：寅卯辰合木、巳午未合火、申酉戌合金、亥子丑合水。
- **地支六合**：寅亥合木、卯戌合火、辰酉合金、巳申合水、午未合火、子丑合土。
- **地支相刑**：寅巳申刑、丑戌未刑、子卯刑、辰午酉亥刑。
- **地支相沖**：子午沖、丑未沖、寅申沖、卯酉沖、辰

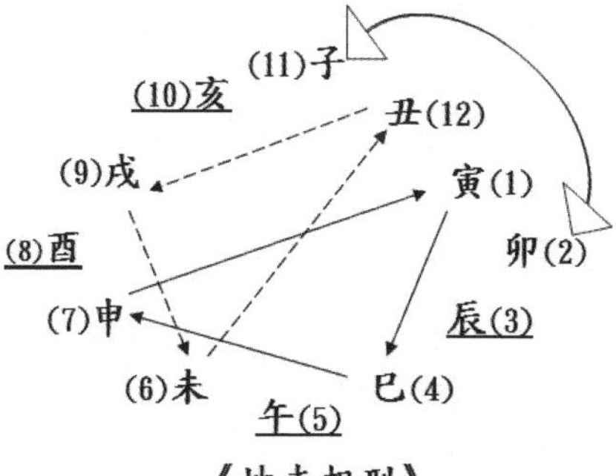

《地支相刑》

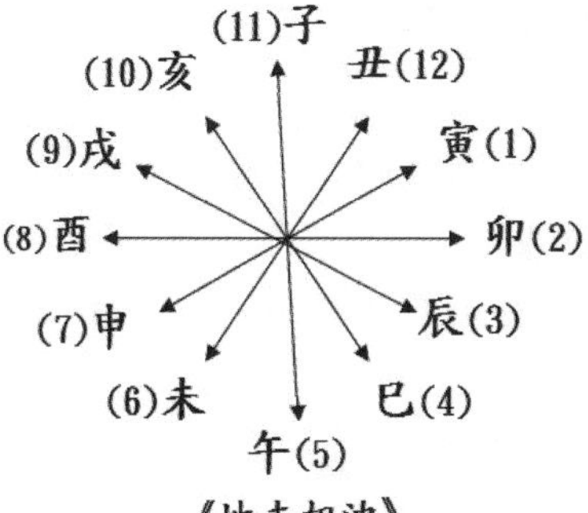

《地支相沖》

戌沖、巳亥沖。

- **地支相害**：子未害、丑午害、寅巳害、卯辰害、申亥害、酉戌害。

所謂地支的會、六合及沖、害、刑現象，簡單來說就是當互相作用的兩個，或三個地支在同一年限中出現，就會有互相作用的現象發生，而若是地支互相是沖、害、刑的影響，通常都是不太理想或是不穩定的現象，尤其是出現在日主地支與大運或流年之間。而若是地支的會合現象，則也不一定都會是理想，還要搭配天干來判斷，才會比較完整準確。

不過也有些命盤搭配並不怕沖刑害，甚至在某些時間點需要出現一些沖刑才會比較理想。所以八字論命需要小心斟酌，常常天干或地支搭配不同，整個運勢現象都會不一樣，好壞和喜忌也會因大運的變換而不同。其實要判斷沖刑剋亥並不難，

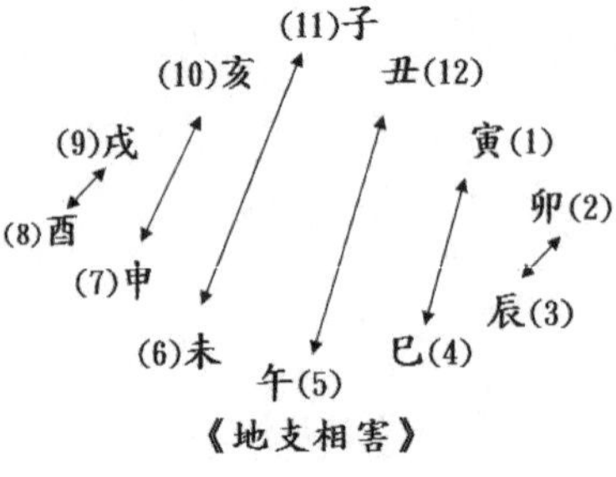

《地支相害》

需要先瞭解六十干支的旺弱程度，和每個天干的基本特質和作用，也就是要相當瞭解每個干支組合，接下來要判斷各種現象的變化就會容易。

2. 喜忌神判斷方式

關於八字命盤的喜神與忌神的判斷，在整個分析判斷過程，是非常重要的一環，而要判斷喜忌之前，需要先瞭解命盤中的屬性、旺弱程度，以及每個屬性的作用與喜好，才能準確的判斷喜忌為何，且才能正確的分析每個命盤，與實際運作的狀況。

八字旺弱的判斷，要如何才能準確拿捏，而旺若弱對於運勢和財運的影響為何？一般所說的身旺與身弱，就是八字命盤搭配的旺弱現象，基本上判斷旺或弱在八字理論中是非常重要的部分，而且是很基礎的工作，要知道命盤的旺弱現象之後，才能在五行生剋中判斷出好壞與喜忌。

舉例來說，如果甲木日主搭配過旺，則就不喜歡再增加過多火土，但也不喜歡出現過弱的金水流年，只喜歡有些份量的金水搭配，否則即使是好運也會有弊病；而如果甲日主搭配是屬於偏弱的組合，就喜逢遇到火旺的大運流年。所以要開始判斷八字命盤，除了要先瞭解命盤的日主屬性和喜忌與作用之外，還要判斷出命盤的旺弱現象，才能抓到命盤的重點分析各方面的生剋現象。

八字命盤不外乎都是天干地支做組合，首先要瞭解各日主的屬性和特質，但當干支組合放在日柱和放在其他位置是不太一樣的解釋，不過旺弱判斷並不受影響。

一個命盤的所有現象判斷都是從日主開始，所謂的旺弱現象，是命盤中的其他部分對於日主的影響而定，像是年柱、月柱、時柱及各大運，對於日主的種種影響後，才可以判斷出命盤的所有現象，並不太能光看日主就判斷出命盤旺弱，因為命盤裡不是只有日主，還有很多其它的部分，所以建議，要把日主的六十干支喜忌，和其他位置的六十干支組合分開做瞭解，即使都是一樣的干支組合但功能和特性都會有些不同，才不會混淆而引起錯誤判斷。

當開始認識日主特性和喜忌時，要從天干來做大方向的分類，也就是十天干的十類，因為天干屬性有它自己的代表物和特質喜好，天干搭配到不同的地支，其實也會有些個性和運勢上的差異，所以也要對各地支搭配組合做各別的瞭解。而當六十干支組合的位置在日主之外的其他位置時，就要另外去瞭解會對日主造成的影響，就可以大方向的抓到判斷重點。

舉例來說：

如果一個甲子日主的命盤，搭配到丙午年柱、甲午月柱及辛未時柱，光看日主甲子，其實是屬於相當

時柱	日柱(日主)	月柱	年柱	年限 虛歲	八字本命
46歲之後	31至45歲	16至30歲	1至15歲		
辛未	甲子	甲午	丙午	四柱干支	

51歲至60歲	41歲至50歲	31歲至40歲	21歲至30歲	11歲至20歲	1歲至10歲	年限 虛歲	大運
庚子	己亥	戊戌	丁酉	丙申	乙未	干支	

弱的甲木，但要看命盤的旺弱現象則要考慮其他的搭配，此命盤年柱丙午是屬於相當旺的丙火，且月柱甲午也是相當旺的木，時柱辛未本身雖然是很弱的辛金，但地支未卻是相當旺的火土地支，所以整體看起來對甲子日主的影響就很大，讓整個甲日主命盤變得相當旺，且非常缺水，再考慮到大運乙未和丙申，都是屬於相當熱的地支搭配，所以整體來說此命盤是屬於相當旺的搭配，就要判斷成旺的甲日主命盤。

而如果要判斷運勢方面的現象，則要代入大運與流年的干支組合，此命盤的大運大方向是走火土的秋冬運，是屬於從普通走到不太理想的運勢走勢，因為當偏旺的甲日主組合逢到己亥的冬己土，其實是屬於不理想的運勢，對甲木來說，有兩個問題，一個是冬運，一個則是弱的己土出天干，甲己合，也代表此人在41歲之後，工作財運甚至是各方面都會有些狀況和及變動。

所以要準確的判斷出旺弱和運勢現象，要先瞭解各日主的特質和喜忌，及六十干支的旺弱和對日主的影響力，才能正確看出大方向好壞現象，否則如果一開始的旺弱喜忌及大運好壞的判斷就已經錯誤，那之後就很難有正確的判斷。

一般來說，木火土旺在春夏、弱在秋冬，而金水旺在秋冬、弱在春夏，所以地支對於天干屬性的影響非常大，以下就提供六十干支的旺弱大概判斷，是用數值來表現，數值越高就代表越旺，而數值越低就代表越弱：

《甲類干支組合》

甲寅：數值約55。甲辰：數值約75。甲午：數值約95。

甲申：數值約70。甲戌：數值約50。甲子：數值約15。

《乙類干支組合》

乙卯：數值約60。乙巳：數值約85。乙未：數值約99。

乙酉：數值約50。乙亥：數值約30。乙丑：數值約10。

《丙類干支組合》

丙寅：數值約40。丙辰：數值約70。丙午：數值約95。

丙申：數值約70。丙戌：數值約55。丙子：數值約15。

《丁類干支組合》

丁卯：數值約35。丁巳：數值約80。丁未：數值約99。

丁酉：數值約60。丁亥：數值約30。丁丑：數值約10。

《戊類干支組合》

戊寅：數值約35。戊辰：數值約65。戊午：數值約95。

戊申：數值約75。戊戌：數值約55。戊子：數值約30。

《己類干支組合》

己卯：數值約45。己巳：數值約85。己未：數值約99。

己酉：數值約55。己亥：數值約30。己丑：數值約10。

《庚類干支組合》

庚寅：數值約25。庚辰：數值約65。庚午：數值約15。

庚申：數值約95。庚戌：數值約80。庚子：數值約70。

《辛類干支組合》

辛卯：數值約20。辛巳：數值約15。辛未：數值約10。

辛酉：數值約95。辛亥：數值約85。辛丑：數值約70。

《壬類干支組合》

壬寅：數值約55。壬辰：數值約45。壬午：數值約15。

壬申：數值約70。壬戌：數值約80。壬子：數值約95。

《癸類干支組合》

癸卯：數值約25。癸巳：數值約15。癸未：數值約10。

癸酉：數值約60。癸亥：數值約85。癸丑：數值約99。

關於取格局與喜用神，要如何準確的取格局以及喜忌？一般傳統的八字書籍大都是依日柱和月柱來做取格局的基礎，也都只是用八字的四柱來做格局判定，或許從大方向來看是正確的方式，但基本上大運對命盤的影響非常明顯，也不宜忽略。要判斷運勢是否理想，首先也要先從旺弱判斷開始。

在這裡有個建議，其實取格局這個動作並不是太必要，因為要把八字命盤分類在十幾或二十幾個格局裡再來做喜忌判斷，就會減去它的準確度，且若年限或大運變換的時候，命盤裡的旺弱是很可能會有變動，這時候喜忌也會跟著不同。還有些命盤其實很難取格局，它可能會介於兩個或三個格局之間，這時候是硬要看成某單一格局，亦或是同時看成兩個或三個格局呢？所以最理想的方式，就是不要用格局來做分類，也就不會有侷限，只要用最基本的旺弱現象以及喜忌來判斷就可以，還可以依照不同年限和大運來做變化，才可以包含所有變數，也才能面面俱到。

一般來說，旺弱的判斷標準是「過與不及」都不宜，有時候太過的好運也會變成壞運勢，可能會出現一些弊病，所以要以「調和」為拿捏標準。以下就簡單介紹十日主天干類別的喜忌，而這些基本的喜忌是用在四柱旺弱已確定，且要去判斷大運好壞現象的時候。

- 甲木大部分喜歡春夏，不喜歡秋冬，也就是喜火旺而不喜金水旺，但是如果已經是太過燥熱，那就不要再火土或比劫，反而要一些金水來平衡；如果已經是春夏運，但天干出金或水，表示金水過弱，則在好運中會出現弊病，會有些不穩定出現。
- 乙木和甲木差不多都喜歡春夏，因為火土旺會比較有展現，且乙木比甲木不忌秋，乙木相當有韌性和彈性，所以主要只忌冬或金水過旺，但太過燥熱也會出現一些弊病，像是感情婚姻或是健康的狀況。
- 丙火不宜過弱或過旺，雖然不介意任何季節，但是主要不喜歡財和官殺出天干的大運搭配，尤其是過旺或過弱的壬癸，或過弱的庚辛，都會使大環境現象不穩定，各方面運勢都會不穩定。
- 丁火和丙火現象差不多，但是丁火的好運區間比較大，丁火比較不忌金水旺的冬，也不忌燥熱的夏，不過不喜歡出現弱的金水或弱的土，對於過旺的金水也會出現一些弊病。

- 戊土基本上和木一樣喜歡春夏，但戊土有時候也不忌秋冬，當戊土的功能是要育木或蓄水，則喜歡春夏運，而當戊土只蓄水則不是那麼忌秋冬，不過基本上戊土最好維持在中間偏旺會比較理想。
- 己土的功用和戊土差不多，但己土的好運區間比戊土大，因為己土的規模比較小，所以好運勢就比較容易達到，不過因為己土屬於薄土，當要育木或蓄水則都要再更旺一些，所以己土要偏旺的搭配才會比較理想，否則就要火土旺大運才能發揮功能。
- 庚金本身屬於不穩定的特性，所以不論旺弱都喜歡穩定，而忌木或火出天干，當金水過旺的時候則喜戊土，既能擋水也能擋金，雖然金逢火會更有展現或更活躍，不過火不宜過旺，春運最能表現庚金的穩定性。

- 辛金和庚一樣都喜歡穩定，但辛的規模較小，所以更不喜歡過旺或過弱，也就是不喜歡木火水過旺，更不喜歡出現大變動，辛本身有種質感清新氣質好的特質，也會比較自戀、有自我喜好風格，穩定的春運會是比較好的運勢。
- 壬水主要喜歡春夏運，中間偏弱是比較適合的標準，也會比較有展現，尤其是食傷出天干，既是食傷又是展現，這是水日主的好處和優點，如果秋冬運也無妨，但忌弱火或弱木出現，喜戊土出天干。
- 癸水大方向和壬水類似，但癸水喜歡更弱一點會比較理想，春夏運是好運勢，也比較有展現和執行力，如果金水過旺的秋冬，癸日主容易流於理想化和光說不練，也忌出現弱的火和金。

在此，要再提醒一下，關於判斷命盤的喜忌，基本上並不會一直不變，並不是一個命盤永遠就只會有某個喜或忌，其實八字喜忌判斷是會依照大運的變換而有變化，很可能走到火土大運的喜忌，和走到金水大運的喜忌會完全不一樣。

3. 十神運用

所謂的十神，就是五行之間相互的關係，有五種，加上天干各屬性都有陰陽兩種，就是所謂的「十神」。

而五行相互之間的五種關係：

- 「同我」即「比肩或劫財」，當日主逢遇到相同的屬性時，甲乙日主逢到甲或乙；丙丁日主逢遇到丙或丁；戊己日主逢遇到戊或己；庚辛日主逢到庚或辛；壬癸日主逢到壬或癸。
- 「生我」即「正印或偏印」，當日主逢遇到五行循環裡生給我的屬性時，甲乙日主逢到壬或癸；丙丁日主逢遇到甲或乙；戊己日主逢到丙或丁；庚辛日主逢到戊或己；壬癸日主逢到庚或辛。

- 「剋我」即「正官或七殺」，當日主逢遇到五行循環裡剋到我的屬性時，甲乙日主逢到庚或辛；丙丁日主逢遇到壬或癸；戊己日主逢到甲或乙；庚辛日主逢到丙或丁；壬癸日主逢到戊或己。
- 「我生」即「食神或傷官」，當日主逢遇到五行循環裡我來生助的屬性時，甲乙日主逢遇到丙或丁；丙丁日主逢遇到戊或己；戊己日主逢到庚或辛；庚辛日主逢到壬或癸；壬癸日主逢到甲或乙。
- 「我剋」即「正財或偏財」，當日主逢遇到五行循環裡我來剋減的屬性時，甲乙日主逢到戊或己；丙丁日主逢遇到庚或辛；戊己日主逢到壬或癸；庚辛日主逢到甲或乙；壬癸日主逢到丙或丁。

十神介紹：

・正官、七殺：

五行屬性剋日主天干屬性（剋我）。同樣是陽的天干，或同樣是陰的天干，就是七殺；當陽逢遇到陰，或是當陰逢遇陽天干，就是正官。

- 日主為甲乙木，若逢遇庚辛金，則金剋木。
- 日主為丙丁火，若逢遇壬癸水，則水剋火。
- 日主為戊己土，若逢遇甲乙木，則木剋土。
- 日主為庚辛金，若逢遇丙丁火，則火剋金。
- 日主為壬癸水，若逢遇戊己土，則土剋水。

正官的意義：正官在八字裡是剋我，可以說是壓力和規範，在個性上的表現，會比較壓抑和有約束，拘謹、負責任，沉著穩重、重形象，也守舊正直。但若正官多，個性會比較膽小怕事、優柔寡斷，卻也固執不易溝通。在八字命盤上，女命裡的七殺，可以論為丈夫、感情婚姻、工作事業，以及壓力。而男命裡的七殺，可以論為工作事業、壓力責任，以及小孩。

七殺的意義：七殺是偏官，在八字裡是剋我，是壓力和規範，在個性上的表現，會比較敏感，觀察力相當好，積極、有創造力，熱心、有正義感，有責任感、愛面子，很有開創及領導的性格。但若七殺多，個性會比較剛烈叛逆，固執暴躁。在八字命盤上，女命裡的七殺，可以論為丈夫、感情婚姻、工作事業，以及壓力。而男命裡的七殺，可以論為工作事業、壓力責任，以及小孩。

古云：「正官端正有權威，光有磊落把人圍，道德理智都全備，心地善良好吃虧，福壽雙全人人敬，要遇財星更為吉，最怕刑傷沖破害，一生做事要委屈，多誹謗財受損，官多體弱身體微，女命官多七殺混，婚前婚後都不隨，男人處膽又懼，一生本時載名輩。」

古云：「偏官俠義好心腸，性急如火個性強，食神來制方為貴，制服太過反受傷，要遇羊刃命最好，文成武就把名揚，女命殺多無有制，必須晚婚在命上，偏官多身體弱，先智後愚在世上，一生險關不少過，提防身體受殘傷，法官軍人方為好，營造建築也相當。」

・正印、偏印：

五行屬性生日主天干屬性（生我）。同樣是陽的天干，或同樣是陰的天干，就是偏印；當陽逢遇到陰，或是當陰逢遇陽天干，就是正印。

- 日主為甲乙木，若逢遇壬癸水，則水生木。
- 日主為丙丁火，若逢遇甲乙木，則木生火。
- 日主為戊己土，若逢遇丙丁火，則火生土。
- 日主為庚辛金，若逢遇戊己土，則土生金。
- 日主為壬癸水，若逢遇庚辛金，則金生水。

正印的意義：正印在八字裡是生我，可以說是福氣或貴人，在個性上的表現，是屬於慈善善良、肯付出，保守穩重、有愛心，重視精神層面，有宗教方面的信仰和修持。但若正印多，會比較懶散，比較依賴，太過固執及自我，也會因太博愛而吃虧。在八字命盤上，男女命裡的正印，可以論為母親、長輩、和福氣，甚至是神佛。

偏印的意義：偏印在八字裡是生我，可以說是福氣或貴人，在個性上的表現，會比較重視內在的思考，比較固執，在藝術和音樂方面很有天份，哲學思想和信仰方面也有興趣。但若偏印多，會比較沒安全感，且神經質，個性比較偏執，內心也比較孤僻、孤獨。在八字命盤上，男女命裡的正印，可以論為母親、長輩、和福氣，甚至是神佛。

古云：「正印原來最聰明，智慧慈善命中逢，一身安祥多快樂，福壽雙全家繁榮，學藝超群疾病少，文學教育能成功，美術設計天賦有，生業天賦真是有，若要拖拉難，印要多了不太好，印多勞食費心胸，女命印多必剋子，有子母子必西東。」

古云：「偏印本是一蝑星，一生事業難成功，要遇財星方為好，要遇官星必成凶，憂豫寡斷孤獨相，爭強好勝好逞能，生來為人無長性，學術研究有成就，星相術理也成功，要論本事真不少，可嘆無處去逞能，偏印多了必剋子，交通事故好發生。」

・比肩、劫財：

五行屬性與日主屬性一樣的（同我）。同樣是陽的天干，或同樣是陰的天干，就是比肩；當陽逢遇到陰，或是當陰逢遇陽天干，就是劫財。

- 日主為甲乙木，若逢遇甲乙木，則同樣是木。
- 日主為丙丁火，若逢遇丙丁火，則同樣是火。
- 日主為戊己土，若逢遇戊己土，則同樣是土。
- 日主為庚辛金，若逢遇庚辛金，則同樣是金。
- 日主為壬癸水，若逢遇壬癸水，則同樣是水。

比肩的意義：比肩在八字裡是同我，可以說是兄弟姊妹或是朋友，以及人際，在個性上的表現，簡單樸實，重感情、重朋友，熱心大方，喜歡幫助別人。但若比肩多，則比較自我及固執，不喜歡受約束，好勝心強，主觀意識強，也自尊心強，愛面子。在八字命盤上，男女命裡的比肩，都可以論為朋友、人際，或兄弟姊妹。

劫財的意義：劫財在八字裡也是同我，也是兄弟姊妹或是朋友，以及人際，在個性上的表現，口才不錯，反應好，喜歡交朋友、重感情。但若劫財多，則容易因朋友而勞碌，也容易因別人而影響到財運和感情，比較沒安全感，也容易貪小便宜。在八字命盤上，男女命裡的比肩，都可以論為朋友、人際，或兄弟姊妹。

古云：「比肩自尊必特強，爭強好鬥在世上，獨斷專行持己見，出口不怕把人傷，與人相處難合作，多釀不合遭誹謗，一生離家最為好，最好報名把兵當，比肩多了財不忘，好為親朋把財傷，寡情無義先克父，男剋妻來女剋郎，要遇財官方為好，能成富翁把福享。」

古云：「傲氣凌人劫財逢，出事為人獨斷行，堅持己見特好勝，多招誹謗損其名，口舌爭訟時常有，好打人間理不平，計畫抱負常常有，掛在嘴邊不實行，貪小失大吝嗇性，好酒好賭破財凶，女遇劫財婚必晚，男遇劫財婚變更，劫財有制方為貴，劫財無制必受窮。」

‧正財、偏財：

日主天干屬性剋的屬性（我剋）。同樣是陽的天干，或同樣是陰的天干，就是偏財；當陽逢遇到陰，或是當陰逢遇陽天干，就是正財。

- 日主為甲乙木，若逢遇戊己土，則木剋土。
- 日主為丙丁火，若逢遇庚辛金，則火剋金。
- 日主為戊己土，若逢遇壬癸水，則土剋水。
- 日主為庚辛金，若逢遇甲乙木，則金剋木。
- 日主為壬癸水，若逢遇丙丁火，則水剋火。

偏財的意義：偏財在八字裡是我剋，可以說是我所要的、想掌控和掌握的，在個性上的表現，有自己的風格，有自信、敢愛敢恨，重視金錢，也容易為了自己的目標而不擇手段，競爭力不錯。但若偏財多，物慾比較高，容易做投機性的投資，好勝心強，常常會比較自私，但也很有毅力。在八字命盤上，女命裡的偏財，可以論為父親，工作事業，財運投資。而男命裡的偏財，可以論為父親、老婆、感情婚姻，和工作事業，財運投資。

正財的意義：正財在八字裡也是我剋，也可以說是我所要的、想掌控和掌握的，在個性上的表現，比較守舊、謹慎，很有道德觀，很重視金錢，佔有慾也比較強，競爭力不錯。但若正財多，會比較小氣計較，也節儉、固執堅持，也會比較現實。在八字命盤上，女命裡的正財，可以論為工作事業、財運投資。而男命裡的正財，可以論為太太，感情婚姻，和工作事業、財運投資。

古云：「偏財人緣最為佳，坦誠為人不虛華，見義勇為多慷慨，淡泊名利把財發，男人風流又豪爽，博得女人喜歡他，一生求財外地好，輝煌事業有發達，生意買賣容易得，金融外交不差啥，要遇劫財不算好，錢財掙了難存下，正印生身方為好，晚年富翁享榮華。」

古云：「正財生人掌財權，為人處事不會偏，明辨是非特豪爽，身旺能成大財團，身弱財多行財地，要在財上起禍端，要行比劫運不錯，進財好似風颾來，經濟管理特緊省，金融財政可做官，正財多了偏財論，好為女人來敗財，正財多了母壽儉，剋母剋妻命中安。」

・食神、傷官：

日主天干屬性生的五行屬性（我生）。同樣是陽的天干，或同樣是陰的天干，就是食神；當陽逢遇到陰，或是當陰逢遇陽天干，就是傷官。

- 日主為甲乙木，若逢遇丙丁火，則木生火。
- 日主為丙丁火，若逢遇戊己土，則火生土。
- 日主為戊己土，若逢遇庚辛金，則土生金。
- 日主為庚辛金，若逢遇壬癸水，則金生水。

• 日主為壬癸水，若逢遇甲乙木，則水生木。

食神的意義：食神在八字裡是我生，可以說是我的想法和聰明才智，在個性上的表現，比較傳統，比較厚道，很有音樂藝術天份，也很有個人的想法。但若食神多，則容易想太多和鑽牛角尖，但也很有口福和口慾，常常想法也比較不實際些。在八字命盤上，女命裡的食神，可以論為想法、不動產，和小孩。而男命裡的食神，可以論為想法、不動產。

傷官的意義：傷官在八字裡也是我生，可以說是我的想法和聰明才智，在個性上的表現，外相聰明，學習能力強，但也叛逆、任性不服輸，不喜歡修邊幅，喜歡自由。若傷官多，則容易一意孤行，不守禮教，容易太犀利，而沖犯長上，雖很聰明，但也很有破壞性。在八字命盤上，女命裡的傷官，可以論為想法、不動產，和小孩。而男命裡的傷官，可以論為想法，以及不動產。

古云：「食神好似一朵花，日主體胖特發達，財祿豐厚度量大，仁義道德頂屬他，知禮邦順人緣好，音樂宗教藝術家，好歌好舞風流樣，晚年成為經濟家，要遇偏印不太好，從小缺乳餵養大，食神多了方為病，外表光華內裡差，男命剋妻應再娶，女人剋夫必從嫁。」

古云：「傷官聰明智謀多，多才多藝倒不錯，音樂藝術有成就，設計經濟不用說，心性殘忍氣量窄，一身傲骨不但過，惹事生非好管事，做事總是反覆著，傷官有制官星旺，傷官多了禍也多，女遇傷官婚不順，男傷多了面受剋，與人相處難長久，晚年獨立度生活。」

基本上，古文的十神解釋，其實比較像是籤詩，也比較是一個大方向且簡易的解釋，在這裡也建議可以稍作瞭解及參考就好。在現代的解釋方式，需要有較圓融及符合時代的詮釋方法，整體會更合時宜、更準確。

一 五行調和原則

第二章

不平衡現象

二 不平衡現象

五行的循環，有一定的規則，天干元素的五行生剋現象，運用在大環境之中，加上地支也是基於五行生剋來變化，搭配春、夏、秋、冬的四季循環來運作，就能有最全面的判斷考量。不管是調和不調和，或平衡不平衡，都能從每個命盤看得出來，而實際上，因為運勢會變換，即使本來四柱搭配是相當調和的組合，也會因為運勢變換而有起伏，甚至是變成過與不及。當然也會有本命搭配，整體是較不平衡的組合，但因為運勢的影響而變成調和，也就是所謂的補到喜神。

在八字命盤之中，天干地支的組合運用，都是用五行生剋循環的基礎來判斷，所有的天干地支都有它所代表的五行元素，木、火、土、金、水。而若是出現不調和或不平衡現象，則會出現相對應的不穩定現象，或是各種問題，也會因為不同元素而有不太一樣的結果產生。

1.木日主（甲、乙）

甲木日主：

甲木的調和程度，基本上在中間到偏弱的區間算是理想範圍，整體來說，春季會是比較少弊病的季節，也就是地支在寅卯辰，最為穩定理想。若是太旺則容易有缺水的問題，而如果太弱則會變成濕冷且爛根腐壞。所以過熱、過冷都會出現相對應的問題，要平衡則比較不容易。

通常甲木需要的條件，不外乎水火平衡，逢遇到的環境也不宜金水過旺，金旺則代表被剋太重，水旺則是太過濕冷，火旺會變成過於燥熱缺水。所以需要陽光、空氣、水，缺一不可，但不宜有極端的環境影響，才能完全發揮作用，也才能稱得上是好運勢。

滴天髓論甲木：

「甲木參天，脫胎要火，春不容金，秋不容土，火熾乘龍，水宕騎虎，地潤天和，植立千古。」

甲木要平衡，需要有火，春季金弱，秋季土弱。火與水要有一定的力度，才能讓甲木有力量。若是火旺則需要有水，若是水旺則需要火土，整個環境需要平衡穩定，甲木才有條件能向下紮根，體質堅固、向上生長。

基本上對甲木的調候來說，最沒有弊病的狀態，需要水火的平衡，其次才考慮過旺或是過弱的處理方式，像是用金來制衡木，或是用土來穩定水。

若單從日主判斷：

- **甲寅：**農曆一月的甲木，氣候偏冷。寅支藏天干為丙甲戊，屬木。甲寅，木之鄉。天干透地支，只要遇火，則成通明之象，但若遇水則漂浮，忌金過旺，金旺則傷，逢土弱則根不穩，土多則損力。理想的搭配會是春夏運，但也不宜缺水。

• **甲辰**：農曆三月的甲木，氣候舒適，環境穩定。辰支藏天干為乙戊癸，屬土。甲辰，木之生。癸歸辰庫，水漸少。水能生木，水少則生木，水多反而窒木生機。仲春漸熱，宜水火並用，調候也不能無水。理想的搭配會是春夏運，秋運也還不錯，但不宜缺水，也不宜金過旺。

• **甲午**：農曆五月的甲木，氣候炎熱，整體環境火炎土燥。午支藏天干為丁己，屬火土。甲午，木自死。由於甲木過旺、遇火自焚，得金而造，遇水反化其源。夏木宜水助，水盛而成滋潤之功，忌火旺而招自焚之憂，土厚則為災咎。理想的搭配會是春夏運，及秋運，但不宜缺水，也不宜土與金過旺。

• **甲申**：農曆七月的甲木，氣候偏熱，大環境金旺不穩定。申支藏天干為戊庚壬，屬金。甲申，木受剋。秋生忌金重，金者肅殺之氣，木重用金，亦不離於土，因土有反生金之功。金生水為印，木絕處逢生，但用水也不能無土。理想的搭配會是春夏運，但不宜缺水，也不宜金過旺。

• 甲戌：農曆九月的甲木，氣候偏冷，暮秋之氣，木漸凋敗。戌支藏天干為丁戊辛，屬土。甲戌，木之源。秋木見金，必須火制，不宜水盛，水多木漂，火炎則木實。若用水用土，皆需火配合，方為有用之木。理想的搭配會是春夏運，但不宜土過旺。

• 甲子：農曆十一月的甲木，氣候寒冷，冬水凍木，反生為剋。子支藏天干為癸，屬水。甲子，金剋木。冬木不可缺火，火能溫木、土亦能溫木，但不宜濕土。冬天寒木，若無火溫暖，木則無法繁茂。理想的搭配會是春夏運，但忌金水過旺。

單一從日主來判斷旺弱喜忌，並無法推論準確，要再加入其他三組年、月、時干支，才能較完整做判斷。

舉例來說：

1．寅月生（農曆一月份）

年、戊寅

月、甲寅

日、甲辰

時、乙亥

此八字甲辰日，生於甲寅月，年柱是戊寅，時柱是乙亥。整體地支環境屬於中間偏冷，最高溫的地支是辰，最低溫是亥，而對甲木來說，需要增加些溫度才能更有作用，所以需要先補火，再考慮其他的金水即可。

若是此命盤為男命，則走順運，就會走春夏運，乙卯、丙辰、丁巳、戊午……，會補到火土，大方向來看的確是補到喜神，但要注意過熱及缺水的問題。

若是此命盤為女命，則走逆運，癸丑、壬子、辛亥、庚戌……，是屬於秋冬運，且金水過旺，既沒補到火土，還出現官殺過旺的現象，大方向來看就屬於不理想的運勢走勢，只能看流年搭配是否能逢到較旺的火土搭配。要注意壓力及生活的各方面影響，像是工作財運、人際、健康、感情婚姻等所帶來的辛勞。

2．卯月生（農曆二月份）

年、乙亥

月、己卯

日、甲申

時、乙亥

此八字甲申日，生於己卯月，年柱是乙亥，時柱是乙亥。整體地支環境屬於偏冷，最高溫的地支是申，最低溫是兩個亥，對甲木來說，這樣的搭配需要增加溫度才能有所作用，直接需要補火土，不太需要再考慮金水。

若是此命盤為男命，則走逆運、秋冬運，戊寅、丁丑、丙子、乙亥、甲戌……，雖然天干出丙丁戊，的確是火土運，但搭配到的地支是亥子丑，是屬於較冷的運勢走勢，並沒有真正補到火土，反而只會讓整體溫度變低，並不是最理想的運勢，不過也因為天干搭配還不錯，所以還算穩定，且在甲戌運，會在事業及人際上有不錯的發揮。

若是此命盤為女命，則走順運，庚辰、辛巳、壬午、癸未、甲申……，是屬於春夏運，大方向補到理想的喜神運勢，不過天干搭配的是金水，基本上會呈現金水相當弱的現象，所以很容易變成過熱，變成缺水的運勢現象，在各方面會有不錯的成績，但也會比較需要親力親為、忙碌奔波。

3．辰月生（農曆三月份）

年、壬午

月、甲辰

日、甲子

時、己巳

此八字甲子日，生於甲辰月，年柱是壬午，時柱是己巳。整體地支環境屬於中間，最高溫的地支是午，最低溫是子，加上辰與巳，對甲木來說，這樣的搭配相當調和理想，既不太冷，也不過熱，相當能發揮甲木的功能及作用。

若是此命盤為男命，則走順運、夏秋運，乙巳、丙午、丁未、戊申、己酉……，是屬於相當炎熱的火土運勢，且會讓整個環境變成太過燥熱的現象，反而變成過與不及，也因為無法平衡，所以要注意火土旺及金水弱會出現的問題。

若是此命盤為女命，則走逆運，癸卯、壬寅、辛丑、庚子、己亥……，是屬於春冬運，其實是屬於不太理想的搭配組合，從辛丑運起，整個大環境金過旺過冷，會讓甲木官殺旺，也容易多損傷，相對在各方面都要注意。

4．巳月生（農曆四月份）

年、丙午
月、癸巳
日、甲寅
時、丙寅

此八字甲寅日，生於癸巳月，年柱是丙午，時柱是丙寅。整體地支環境屬於偏熱，最高溫的地支是午，最低溫是兩個寅，對甲木來說，這樣的搭配還算理想，雖然有些過熱，癸水也顯得更弱，但在喜神方面，就需要補些金水，但也不能太過濕冷，才不會變成問題，或是變成過與不及現象。

若是此命盤為男命，則走順運、夏秋運，甲午、乙未、丙申、丁酉、戊戌……，是屬於相當燥熱的搭配，對八字本命來說，其實相當缺水，也會造成月柱的癸水更弱，且整個環境變成木火更熱，所以運勢走勢屬於不理想，也沒補到金水，對此命盤來說，就要注意到太過燥熱缺水的問題。

若是此命盤為女命，則走逆運，壬辰、辛卯、庚寅、己丑、戊子……，是屬於春冬運，大方向有補到不錯的金水運勢，但從己丑運開始，變成是走冬運，基本上冬運雖冷，或許不是大問題，但是因為天干是己土，卻會讓天干甲己合土，己土太弱反而變成弊病，就會是比較麻煩的問題，基本上這樣的運勢走勢並不理想，會有身旺財弱的狀況出現。

5·午月生（農曆五月份）

年、丁巳

月、丙午

日、甲寅

時、辛未

此八字甲寅日，生於丙午月，年柱是丁巳，時柱是辛未。整體地支環境屬於炎熱，最高溫的地支是未，最低溫是寅，且天干搭配了丙與丁，對甲木來說，這樣的搭配相當的燥熱，木生火現象明顯，所以在喜神方面，就需要補金水，且是需要較多的金水，才不會變成太過旺的狀況。

若是此命盤為男命，則走逆運、春冬運，乙巳、甲辰、癸卯、壬寅……，而前兩個大運走勢甲乙木出天干，所搭配的地支較熱，木生火的現象明顯，食傷過旺很容易有缺金水的問題，尤其是逢遇到金水弱的流年。在癸卯運時，基本上水也較弱，所以也是會出現缺水現象，雖然會相當有個人展現，但也會是比較忙碌奔波的狀況。

若是此命盤為女命，則走順運，丁未、戊申、己酉、庚戌、辛亥……，是屬於夏秋運，但因為前三個運的天干搭配到火土，所以整體來說金水還是過弱，是相當燥熱的環境，且戊己財出天干，也會讓日主的甲木比較費力些，木剋土現象明顯，尤其是己酉運的土較弱，並不是理想的運勢搭配。庚戌運之後開始金水旺的秋冬運，雖然金水很多，但也會讓甲木感覺到較有壓力，相對官殺旺也會有些問題，女命的婚姻方面則容易不穩定。

6・未月生（農曆六月份）

年、乙丑

月、癸未

日、甲辰

時、甲子

此八字甲辰日，生於癸未月，年柱是乙丑，時柱是甲子。整體地支環境屬於中間，最高溫的地支是未，最低溫是子丑，對甲木來說，這樣的搭配還算理想，不太冷也不過熱，雖然年月支的丑未冲，會有些明顯變動狀況，但對甲辰日主來說影響不大，而在喜神方面，則喜歡春運的穩定氣候，忌過冷的秋冬運。

若是此命盤為男命，則走逆運、夏春運，壬午、辛巳、庚辰、己卯、戊寅……，是屬於偏熱的搭配，對甲木來說，因為年柱有冬支丑，所以可以平衡，這樣的春夏運相當能讓甲木日主有作用，過旺則有官殺來制，基本上是不錯的運勢走勢。不過在己卯運，因為正財出天干，己卯顯土弱，則會讓甲木出現不穩定現象，工作財運或是感情婚姻就要多注意。

若是此命盤為女命，則走順運，甲申、乙酉、丙戌、丁亥、戊子……，是屬於秋冬運，因為氣候越來越濕冷，所以越後面的運勢越不理想，尤其是亥子丑運，就屬於過冷缺火的狀態。但在天干的搭配，出現的是木火運，其實是還不錯的搭配，也是弊病較少的組合，基本上會是穩定類型的狀態，不過要注意官殺較旺的流年組合。

7．申月生（農曆七月份）

年、庚寅
月、甲申
日、甲申
時、甲戌

此八字甲申日，生於甲申月，年柱是庚寅，時柱是甲戌。整體地支環境屬於中間，最高溫的地支是申，最低溫是寅，對甲木來說，這樣的搭配還算理想，但因為地支出現寅申刑現象，且年柱天干有庚金，就會有實質的金剋木狀況，不管運勢走勢是否逢喜或忌神，都要注意刑的現象。

若是此命盤為男命，則走順運、秋冬運，乙酉、丙戌、丁亥、戊子……，是屬於偏冷的搭配，對甲木來說，並不是理想的運勢走勢，基本上冬運缺火，若是八字本命本來就已經缺火，就會更不平衡。而搭配這樣的運勢，因為天干是火土，相對問題會比較少，所以也相對比較穩定些，但也因為環境較冷，甲木的作用與展現就會比較弱些。

若是此命盤為女命，則走逆運，癸未、壬午、辛巳、庚辰……，是屬於春夏運，大方向是不錯的走勢，但因為運勢較熱，也相對比較缺水，所以對甲木來說就會有缺水的問題，就要注意到忙碌及健康方面的狀況也要注意因為天干出官殺庚辛，會有穩定及不穩定的現象，尤其是工作或感情婚姻及健康方面，本命裡的比肩甲木會是喜神，也會是貴人，但相對在流年不穩定時，反而會變成劫財或是小人。

8．酉月生（農曆八月份）

年、丁巳

月、己酉

日、甲子

時、戊辰

此八字甲子日，生於己酉月，年柱是丁巳，時柱是戊辰。整體地支環境屬於中間，最高溫的地支是巳，最低溫是子，對甲木來說，這樣的搭配還算理想，不會太冷也不過熱，且年柱丁巳的丁火力量相當實質，也代表甲子日主會有很大的幫助，是屬於相當理想的食傷，不過月柱己酉就顯得比較不理想，因為甲己合土，會讓己土更弱些，也會讓家運出現不穩定。

若是此命盤為男命，則走逆運、夏春運，戊申、丁未、丙午、乙巳、甲辰……，是屬於非常躁熱的搭配，對甲木來說，這樣的運勢走勢雖然能讓甲木日主有作用，但因為太過缺水，就會顯得忙碌不得閒，不得不奔波，也會感覺比較缺少貴人出現。不過月柱己酉，也會因為運勢走得夠熱，而減少了土弱的問題。

若是此命盤為女命，則走順運，庚戌、辛亥、壬子、癸丑……，是屬於秋冬運，因為運勢屬於非常濕冷，且金水旺，所以其實是屬於並不理想的運勢，印過旺則水多木漂，對甲木來說很容易漂流不定，尤其是工作財運及家庭方面。也要注意健康或是壓力方面的影響。

9．戌月生（農曆九月份）

年、庚戌

月、丙戌

日、甲戌

時、戊辰

此八字甲戌日，生於丙戌月，年柱是庚戌，時柱是戊辰。整體地支環境屬於偏冷有些弱，最高溫的地支是辰，最低溫是三個戌，對甲木來說，這樣的搭配屬於偏弱，不過因為地支辰戌都屬土，所以大環境的穩定度還不錯，但年柱天干有庚金，就會有明顯的金剋木狀況，且月柱天干出丙火，一方面的確會讓火增加，但另一方面要注意食傷剋官殺現象，也就是一不小心因為火煉金，而金變旺。

若是此命盤為男命，則走順運、冬春運，丁亥、戊子、己丑、庚寅、辛卯……，是屬於相當冷的搭配，對甲木來說，並不是理想的運勢走勢，基本上冬運缺火，且此命盤本來就已經偏冷，會更不平衡。而搭配這樣的運勢，逢到戊子與己丑運，天干出現非常弱的土，尤其是己丑，會因為甲己合土，己土被合而不穩定，工作財運就會是個大問題。不過接下來開始走春夏運，對甲木來說明顯是越來越好的運勢現象。

若是此命盤為女命，則走逆運，乙酉、甲申、癸未、壬午、辛巳……，是屬於秋夏運，大方向是理想的走勢，不過前兩個大運乙酉、甲申木偏弱，會讓此命盤的甲木出現比劫方面的狀況，人際方面的影響就要比較注意。而癸未與壬午運，整體搭配相當理想，能讓甲木逢遇到不錯的喜神，只是要注意會有缺水的現象，尤其是較燥熱的流年搭配出現，也會明顯比較忙碌奔波。

10・亥月生（農曆十月份）

年、戊子
月、癸亥
日、甲午
時、甲子

此八字甲午日，生於癸亥月，年柱是戊子，時柱是甲子。整體地支環境屬於濕冷，最高溫的地支是午，最低溫是兩個子，對甲木來說，這樣的搭配顯得相當冷，需要增加火土才能有所作用，否則甲木只會變成水多木漂的現象。

若是此命盤為男命，則走順運、冬春運，甲子、乙丑、丙寅、丁卯、戊辰……，前面兩個運勢甲子與乙丑屬於冬運，對整個命盤來說並沒有幫助，且只會出現比劫方面的問題，要注意人際帶來的影響。丙寅、丁卯運勢春運，基本上會比前兩個運理想，但整體還是濕冷，還是要注意火弱的問題，像是投資或健康方面。戊辰運開始就真正逢遇到喜神的運勢，戊土屬旺，之後的運勢將是夏運，會是相當好的運勢走勢，在各方面會有不錯的發揮。

若是此命盤為女命，則走逆運，壬戌、辛酉、庚申、己未、戊午……，是屬於秋夏運，前三個運勢是秋運，天干出金水，整體現象是較旺的金，且金生水現象明顯，對甲木來說，並不是理想的搭配，只會讓官殺更明顯，感覺壓力很大。己未運開始，走入夏運，天干逢遇到火土，補到理想的喜神運勢，甲木會有不錯的展現，不過也相對比較躁熱，旺土剋水，要注意缺水的現象，顯得財旺身弱。

11・子月生（農曆十一月份）

年、辛亥

月、庚子

日、甲辰

時、乙亥

此八字甲辰日，生於庚子月，年柱是辛亥，時柱是乙亥。整體地支環境屬於相當濕冷，最高溫的地支是辰，最低溫是亥子，對甲木來說，這樣的搭配較弱，金水過旺，官殺過多，並不是穩定理想的搭配，且年柱月柱天干庚辛，都是旺金，對甲木相當的有殺傷力，會讓甲木更弱，就要注意到從小的壓力或變動來源，像是家庭、學校或是其他，也要注意到個性上面的轉變或扭曲現象。

若是此命盤為男命，則走逆運、冬秋及夏運，己亥、戊戌、丁酉、丙申、乙未……，前幾個運是屬於較弱的火土運搭配，對本命較弱的甲木來說，其實並不是太理想的運勢走勢，容易感覺到無力感或是許多的不得不。不過從丙申運開始，有補到不錯的火，整體會理想許多，且因為天干出現丙火食神，也會讓此人相當有所展現，而乙未運則是相當好的搭配，主要是地支未夠有力量，能讓甲木能更穩定成長，但也要注意到乙亥及乙未會在流年不穩定時，變成劫財或小人。

若是此命盤為女命，則走順運，辛丑、壬寅、癸卯、甲辰、乙巳……，是屬於春夏運，整體來說是相當理想的搭配，有補到火旺的地支運勢，不過因為第一個大運是辛丑，它會影響到小時候及家運，也代表從小會有較不穩定的環境因素，則從小就要注意到身體及家庭各方面的狀況。壬寅、癸卯運是不錯的印，也會出現不錯的貴人運勢，接下來的甲辰、乙巳運，是屬於比劫人際運勢，大方向是不錯的貴人，但要注意弱是流年較不穩定，也可能會有犯小人或劫財現象。

12・丑月生（農曆十二月份）

年、己亥

月、丁丑
日、甲戌
時、庚午

此八字甲戌日，生於丁丑月，年柱是己亥，時柱是庚午。整體地支環境屬於濕冷，最高溫的地支是午，最低溫是丑，且是在年及月支為冬，對甲木來說，前面三十年左右都會是比較弱的搭配，丁丑是非常弱的火，完全無力量的食傷，所以需要增加火土才能有作用。

若是此命盤為男命，則走逆運、冬秋及夏運，丙子、乙亥、甲戌、癸酉、壬申、辛未……，前幾個運是屬於較弱的木火運搭配，對於年月就濕冷甲木日主來說，其實並不是理想的運勢走勢，整體太過缺火土，會顯得有點固執及不夠柔軟，也不容易跟人有較理想的連結。從甲戌運開始，因為整體有比較穩定，也會比較有人際方面的訓練，以及自我的目標設定。癸酉與壬申是不錯的搭配，雖然是水出天干，整體火還是弱，但卻是理想的印搭配，明顯會有不錯的貴人出現。建議凡事別急躁，有任何重要決定也需要找專業討論。健康要注意心血管方面。

若是此命盤為女命，則走順運，戊寅、己卯、庚辰、辛巳、壬午……，是屬於春夏運，整體來說是理想的搭配，但前兩個運就是財出天干，則要注意土弱的問題，從小家運容易有變動。庚辰及辛巳運，雖是夏運不缺火土，但天干出金官殺，則要注意壓力及健康方面的狀況，尤其是在官殺較旺的流年，也要注意一些不預期的狀況。壬午運是缺水的搭配，加上時辰庚午也是缺水，雖大方向是不錯的運勢，但過與不及，勞碌忙碌加上急躁奔波，則要注意情緒及健康方面。

乙木日主：

乙木的調和程度，基本上會是比較大的區間，若從零到一百來說的話，會是在25到85之間，都能屬於不錯的範圍，因為乙木的特質柔軟，相當有彈性與韌性，能夠承受比甲木更多的冷或熱的環境。整體來說，春夏季會是比較理想的季節，但乙木也能承受秋季的氣流不穩定狀態。不過若是整個搭配木火土太旺，則會有缺水的問題，而如果太弱則會變成太過濕冷，考驗就會比較多。所以過熱或是過冷，都不是理想的環境狀態，也會出現相對應的問題。

通常乙木需要的條件，喜歡水火平衡，雖然不排斥出現官殺庚辛，但也不宜被剋太重，也不喜歡水過旺的濕冷，不過火旺缺水則是乙木能承受的範圍，只是會顯得比較勞碌。基本上需要水火平衡最理想，才能完全發揮作用，也才能稱得上是好運勢。

滴天髓論乙木：

「乙木雖柔，刲羊解牛，懷丁抱丙，跨鳳乘猴，虛濕之地，騎馬亦憂，藤羅繫甲，可春可秋。」

乙木特性柔軟，像是爬藤類、攀藤類植物，不像甲木是樹木，屬於有堅硬的樹幹類型，整體來說乙木就是更能適應環境的種類，像是地支的極熱與極冷，未與丑，乙木都能生長，且只要能有足夠的丙丁火，就能不忌秋冬天的金水旺；而若有水，則也能不怕過熱的夏季，巳午未；乙木的特質是能攀附甲木，所以若有甲木能相幫，基本上是屬於理想的搭配。

對乙木的調候來說，可以接受的範圍比較大，稍微缺水或是稍微缺火，或是較多的水或火，基本上都還可以接受，但若是出現過多的官殺金旺，就比較不理想，整體來說最理想的搭配還是春夏季。

若單從日主判斷：

- **乙卯**：農曆二月的乙木，氣候微涼。卯支藏天干為乙，屬木。乙卯，木之鄉。天干透地支，喜火溫暖，則有敷暢之美，藉水資扶，而無乾枯之患，但若遇水盛，則根損枝萎。忌金過旺，金旺則傷。理想的搭配會是春夏運，但也不宜缺水，喜水火既濟。

• 乙巳：農曆四月的乙木，進入夏季，氣候稍熱。巳支藏天干為戊丙庚，屬火。乙巳，木之生。火旺則水漸少。火土漸旺，夏木容易有根乾葉枯現象，宜得水盛而滋潤，忌火旺而招自焚，調候不能無水。乙木理想的搭配會是春夏運，但也不忌秋運，唯不宜缺水。

• 乙未：農曆六月的乙木，氣候燥熱，整體環境火炎土燥。未支藏天干為乙己丁，屬火土。乙未，木自死。由於乙木過旺、遇火自焚，木性枯槁，最需要水，得水為用，最為上格。忌火旺而無水制，土厚則為災咎，且有財旺身弱之憂。理想的搭配會是春夏運及秋運，但不可缺水。

• 乙酉：農曆八月的乙木，氣候稍冷，大環境氣流旺盛。酉支藏天干為辛，屬金。乙酉，木受剋。地支剋天干，雖說乙木不忌秋，但忌再逢遇到金旺，喜己土為用，若加上水火俱透，則更為理想。理想的搭配會是春夏運，但不宜缺水，更不宜金旺。

• 乙亥：農曆十月的乙木，氣候濕冷，冬月之木，盤屈在地，不能上藤。亥支藏天干為壬甲，屬水木。乙亥，木之源。冬月之木，不可缺火，火能溫木，亦能溫土。乙性柔弱，但見多水以致漂浮，無戊為救，容易漂流，但多見戊，亦為不妙。理想的搭配會是春夏運，但不宜金水過旺。

• 乙丑：農曆十二月的乙木，氣候嚴寒，冬水凍木，反生為剋。丑支藏天干為辛己癸，屬土。乙丑，金剋木。冬木不可缺火，若無火溫暖，木則無法繁茂。寒木見丙，有回春之意，得一丙高照，且需東南運，理想的搭配會是春夏運，不宜金水過旺。

單一從日主來判斷旺弱喜忌，並無法推論準確，要再加入其他三組年、月、時干支，才能較完整做判斷。

舉例來說：

1・寅月生（農曆一月份）

年、癸未
月、甲寅
日、乙亥
時、己卯

此八字乙亥日，生於甲寅月，年柱是癸未，時柱是己卯。整體地支環境屬於中間，最高溫的地支是未，最低溫是亥。對乙木來說，能生長的溫度區間較大，此命盤的地支搭配屬於理想，且月柱的甲寅是相當重要的貴人，若是大運能逢遇到春夏運則會更理想。

若是此命盤為男命，則走逆運，癸丑、壬子、辛亥、庚戌、己酉……，是屬於秋冬運，且金水過旺，尤其是官殺過旺的運勢，則金剋木現象明顯，大方向就屬於不理想的運勢走勢，要注意壓力及各方面的不穩定，像是工作財運、人際、健康、感情婚姻方面。不過之後走火土運就會走入喜神的搭配。

若是此命盤為女命，則走順運春夏運，乙卯、丙辰、丁巳、戊午……，會補到火土，大方向來看是行到不錯的運勢，不過火土出天干的夏運，實在是相當缺水，就要注意到過熱及缺水的問題，像是忙碌所帶來的問題，或是健康方面。

2．卯月生（農曆二月份）

年、丙申

月、辛卯

日、乙酉

時、丙戌

此八字乙酉日，生於辛卯月，年柱是丙申，時柱是丙戌。整體地支環境屬於中間偏冷，最高溫的地支是申，最低溫是戌，對乙木來說，這樣的搭配還算理想，但若能逢遇到春夏運，則更能發揮乙木的功能及作用。

若是此命盤為男命，則走順運、夏秋運，壬辰、癸巳、甲午、乙未、丙申……，是屬於較炎熱的運勢，會讓整個環境變得較燥熱，尤其是甲午運開始，就要注意缺水的問題，但基本上大方向是屬於不錯的運勢，如果能補到水會是不錯的搭配，不過這個命盤因為地支金較旺，也要注意到金剋木的問題。

若是此命盤為女命，則走逆運，庚寅、己丑、戊子、丁亥、丙戌……，是屬於冬秋運，其實是屬於較冷的搭配組合，整個大環境比較低溫，會讓乙木官殺較旺，也容易多損傷，也相對在各方面都要注意。

3．辰月生（農曆三月份）

年、甲寅

月、戊辰

日、乙亥

時、丙子

此八字乙亥日，生於戊辰月，年柱是甲寅，時柱是丙子。整體地支環境屬於中間偏冷，最高溫的地支是辰，最低溫是子，加上寅與亥，對乙木來說，這樣的搭配其實還不錯，既不是太高溫，也不會過冷，且乙木能忍受相對較低溫的搭配，所以是不錯的基本組合。

若是此命盤為男命，則走順運、夏秋運，己巳、庚午、辛未、壬申……，是屬於炎熱的夏運，大方向對乙木來說是理想的走勢，但要注意庚辛的官殺弱且不穩定，像是工作及健康方面的狀況。而壬申、癸酉運則是很理想的運勢搭配。

若是此命盤為女命，則走逆運，丁卯、丙寅、乙丑、甲子……，是屬於春冬運，對乙木來說，雖然不喜歡冬運，但天干是甲乙木比肩，其實弊病不大，但還是要補到火會比較理想，尤其時辰也是冬支，會加強整個環境的濕冷，要注意工作財運，以及健康方面的狀況，也容易感覺到比較無力或勞碌。

4．巳月生（農曆四月份）

年、辛未
月、癸巳
日、乙丑
時、辛巳

此八字乙丑日，生於癸巳月，年柱是辛未，時柱是辛巳。整體地支環境屬於偏熱，最高溫的地支是未，加上兩個巳，最低溫是丑，對乙木來說，這樣的搭配雖然較炎熱，但整體還算理想，不過癸水明顯過弱，所以在喜神方面，就需要補水，才不會變成問題，或是變成過與不及現象。

若是此命盤為男命，則走逆運、春冬運，壬辰、辛卯、庚寅、己丑、戊子……，是屬於春冬運，大方向是屬於普通或不穩定現象，雖然整體能不缺水，但畢竟冬運會讓乙木比較沒作用，補也會較難發揮，天干戊己正偏財，要注意工作財運方面的不穩定或劫財現象。

若是此命盤為女命，則走順運、夏秋運，甲午、乙未、丙申、丁酉、戊戌……，是屬於相當燥熱的搭配，會讓水變得更少且更缺乏，整體來說會比較勞碌辛苦些，不過也會相當有展現及獲益，大方向是屬於好運勢，但要注意缺水的問題，像是較不得閒，及健康方面的影響。

5．午月生（農曆五月份）

年、戊申
月、戊午
日、乙巳
時、壬午

此八字乙巳日，生於戊午月，年柱是戊申，時柱是壬午。整體搭配屬於非常躁熱的環境，四個地支申午巳午，都相當炎熱高溫，且天干搭配了兩個戊土，對乙木來說，這樣的搭配是非常的炎熱缺水。在喜神方面，就非常需要補水，且是需要很多的水，才能調整過度燥熱的狀態。

若是此命盤為男命，則走順運，己未、庚申、辛酉、壬戌、癸亥……，是屬於秋冬運，不過因為起運己未還是屬於非常躁熱的搭配，對乙木來說會更顯缺水，土旺木弱的財旺身弱現象，且似乎要真正補到水，則要到壬戌運之後，因為庚申及辛酉運雖屬金旺，但條件不足無法真正有金生水作用，反而會出現金剋木現象，官殺旺也會有些問題出現，工作方面則易有壓力與變動。

若是此命盤為女命，則走逆運、春冬運，丁巳、丙辰、乙卯、甲寅、癸丑……，而前兩個大運走勢丙丁火出天干，加上所搭配的地支較熱，木生火的現象明顯，食傷過旺很容易有缺金水的問題，而且本身八字就已經很缺水，可以說這樣的搭配是屬於太過炎熱的狀態，也會有相對的弊病出現，且容易沒貴人。癸丑運之後雖補到很多水，但就實質上來說，冬運容易有許多辛苦與不順遂出現。

6．未月生（農曆六月份）

年、己亥
月、辛未
日、乙丑
時、己卯

此八字乙丑日，生於辛未月，年柱是己亥，時柱是己卯。整體地支環境屬於偏涼，最高溫的地支是未，最低溫是丑，對乙木來說，這樣的搭配還算能適應，因為乙木相當有韌性，對於冷熱環境都能生長。此八字的整體搭配，因為年跟日地支都是冬，所以月柱就顯得很重要，地支「未」能提升整體溫度，是不錯的搭配，但與日主地支丑未相冲，且天干「辛」容易是官殺壓力的來源，要注意所帶來的影響。在喜神方面，乙木喜歡春夏運，但也不宜太缺水。

若是此命盤為男命，則走逆運、夏春運，庚午、己巳、戊辰、丁卯、丙寅……，前兩個運是屬於偏熱的搭配，且從月柱開始會因為運勢也較燥熱，整體環境會變得明顯缺水，也會比較忙碌不得閒。不過在戊辰運之後，整體環境都還算理想，是屬於穩定的運勢走勢，美中不足的是時柱的己土，當逢遇到會讓己土不穩定的運勢或流年，則會影響到各方面的穩定。

若是此命盤為女命，則走順運，壬申、癸酉、甲戌、乙亥、丙子……，是屬於秋冬運，因為氣候越來越濕冷，所以越後面的運勢越缺火，尤其是冬運。不過整體來說，甲戌、乙亥對乙木而言，都還是屬於能接受的搭配，且丙子運雖缺火，但整體還屬穩定，只是會有火弱的弊病，所以喜神就是補火。

7．申月生（農曆七月份）

年、戊午
月、庚申
日、乙丑
時、戊寅

此八字乙丑日，生於庚申月，年柱是戊午，時柱是戊寅。整體地支環境屬於中間，四個地支春、夏、秋、冬都有，雖然加起來平均會是落在中間，不過從年限來看會是前三十年很炎熱，後面就急速降溫。對乙木來說，整體搭配還屬理想，因為乙木相當有韌性及適應環境的能力，但要注意月柱庚申所帶來的影響，畢竟乙庚合，且官殺相當的實質，會有金剋木的問題。若要考慮喜神，則前三十年需要補水，後面則適合補火。

若是此命盤為男命，則走順運、秋冬運，辛酉、壬戌、癸亥、甲子、乙丑……，是屬於越來越濕冷的搭配，對乙木來說，並不是理想的運勢走勢，但基本上還不是太糟糕，若是能以低調保守的方式來處理各方面，就能維持穩定，尤其是甲子、乙丑運，整體相當缺火，也容易出現人際方面的影響或是犯小人現象。健康方面也會是較弱的一環，需要多注意缺火的問題。

若是此命盤為女命，則走逆運，己未、戊午、丁巳、丙辰，乙卯……，是屬於春夏運，前三個是夏運，且是非常炎熱的搭配，當戊己出天干的夏運，搭配本命年柱亦是戊午，明顯財旺身弱，是非常嚴重的缺水現象，且丁巳運還是相當熱的環境，就很需要補水，也要注意從小個性的調整，或是健康狀況。從丙辰起會是相對較調和的運勢搭配，但也要注意人際的影響。

8・酉月生（農曆八月份）

年、乙酉

月、乙酉

日、乙酉

時、甲申

此八字乙酉日，生於乙酉月，年柱是乙酉，時柱是甲申。整體地支環境都是秋，屬於偏涼，對乙木來說，這樣的搭配還能適應，雖然全部地支都是不穩定的氣候，但也不至於太過濕冷。且天干全是木，比肩跟劫財都出天干，表示人際會是此八字的重點，若能處理適當，很有機會能展現自我，能有所成就。

若是此命盤為男命，則走逆運、夏春運，甲申、癸未、壬午、辛巳、庚辰……，是屬於還不錯的運勢搭配，對乙木來說，春夏運基本上是屬理想，不過也容易因為炎熱而有缺水問題，所以喜神是水，需要補水。整體來說，或許會感覺忙碌不得閒，不過癸未、壬午運也會很有個人展現。而辛巳、庚辰運屬官殺、就要注意金剋木的問題，尤其是再逢遇到官殺的流年。

若是此命盤為女命，則走順運，丙戌、丁亥、戊子、己丑、庚寅……，是屬於秋冬運，整體環境越來越濕冷，且會使整個環境更缺火，所以需要補火，才能讓乙木有利生長。戊子、己丑運，財出天干，加上八字裡都是比劫，就要注意人際帶來的影響，像是劫財或是犯小人問題。

9．戌月生（農曆九月份）

年、壬申

月、庚戌
日、乙卯
時、乙酉

此八字乙卯日，生於庚戌月，年柱是壬申，時柱是乙酉。整體地支環境屬於偏冷，申酉戌三個秋支都有，加上一個卯，對乙木來說，這樣的搭配環境屬於偏弱，但因乙木的適應力相當好，所以還是屬於可接受範圍。不過月柱庚戌金旺，顯得官殺較旺，相對會讓乙木更弱些，所以整體就需要補火土，才能調整大方向。

若是此命盤為男命，則走順運、冬春運，辛亥、壬子、癸丑、甲寅、乙卯……，看起來前三個運勢走冬運，且天干是金與水，明顯出現官殺旺，還有印過旺的現象，對乙木來說是屬於相當濕冷的搭配，並不是理想的運勢走勢，要注意到各方面的壓力與不穩定現象。從甲寅運開始，走入春運，相對是比較理想的組合搭配，整體現象也會從金水旺變成木旺，雖然會是越來越熱的運勢現象，但要注意人際所帶來的問題。

若是此命盤為女命，則走逆運，己酉、戊申、丁未、丙午、乙巳……，是屬於秋夏運，大方向是理想的走勢。雖然前兩個運勢是秋運，不過天干干出戊己土，是相當能穩定大環境的搭配，而之後的夏運則是非常炎熱的搭配組合，大方向是不錯的喜神，但是要注意缺水的現象，尤其是較燥熱的流年搭配出現，會很不平衡，有火過旺的弊病。

10・亥月生（農曆十月份）

年、乙未
月、丁亥
日、乙丑
時、丙子

此八字乙丑日，生於丁亥月，年柱是乙未，時柱是丙子。整體地支環境相當濕冷，除了最高溫的地支未，其他三個都是冬支亥子丑。對乙木來說，這樣的搭配顯得較濕冷，相當需要補火土才能有所作用。

若是此命盤為男命，則走逆運，丙戌、乙酉、甲申、癸未、壬午……，是屬於秋夏運，前面三個運勢屬於秋運，天干是火跟木，基本上對整個命盤來說還不錯，是越來越溫暖的環境搭配，不過要注意人際的影響。而夏運的癸未、壬午，是理想的運勢，有補到火土，天干出水也是不錯的印，是理想的貴人運。

若是此命盤為女命，則走順運、冬春運，戊子、己丑、庚寅、辛卯、壬辰……，是屬於較濕冷的搭配，就要注意到缺火的問題。而就乙木來說，辛卯運開始就會慢慢走入越來越高溫的運勢，也會比較有發展，辛苦有成。

11・子月生（農曆十一月份）

年、辛巳

月、庚子

日、乙酉

時、丁亥

此八字乙酉日，生於庚子月，年柱是辛巳，時柱是丁亥。整體地支環境屬於相當濕冷，最高溫的地支是巳，最低溫是亥子，對乙木來說，這樣的搭配較弱，金水過旺，官殺過多，是屬於不理想的搭配，且年柱、月柱都是旺金，官殺過旺，也會讓乙木更弱，則要注意壓力對於個性的影響，甚至是健康方面的狀況。

若是此命盤為男命，則走逆運、冬秋及夏運，己亥、戊戌、丁酉、丙申、乙未……，前兩個運勢是屬於較弱的土運搭配，對整體較弱的乙木來說，其實並不是太理想的運勢走勢，會明顯感覺到壓力。不過從丙申運開始，有補到還不錯的火運，整體會理想許多，後面的夏運則會更理想，主要是夏運的地支有力量，火土夠實質，能讓乙木能快速且穩定成長，但也要注意到缺水的問題。

若是此命盤為女命，則走順運，辛丑、壬寅、癸卯、甲辰、乙巳……，是屬於春夏運，整體來說是屬於理想的搭配，尤其是從癸卯運開始是不錯的運勢，水也比較不過旺，而接下來的甲辰、乙巳運，是屬於比劫人際運勢，大方向是不錯的貴人，但也要注意人際方面的影響。

12．丑月生（農曆十二月份）

年、丁丑

月、癸丑

日、乙酉

時、己卯

此八字乙酉日，生於癸丑月，年柱是丁丑，時柱是己卯。整體地支環境屬於濕冷，有兩個最低溫的丑，及一酉一卯，對乙木來說，基本上是過冷，尤其是在年及月支為丑，會顯得更弱，加上天干癸水，會讓丁丑更不穩定，所以需要增加火土才能有所作用。

若是此命盤為男命，則走逆運、冬秋運，壬子、辛亥、庚戌、己酉、戊申……，前三個運是屬於金水旺的搭配，對本來就弱的乙木日主來說，其實是屬於不理想的運勢，整體太過缺火土，會顯得壓力大，也容易不順遂。而從戊申運開始，因為整體比較穩定，旺土出天干，整體運勢理想許多，各方面都會不錯。

若是此命盤為女命，則走順運，甲寅、乙卯、丙辰、丁巳、戊午……，是屬於春夏運，整體來說是理想的搭配，不過從丁巳運起，顯得越來越燥熱缺水，雖然大方向是不錯的運勢，但會過與不及，勞碌、忙碌，也要注意健康方面的影響。

2.火日主（丙、丁）

丙火日主：

丙火的調和程度，基本上在中間到偏弱的區間算是理想範圍，整體來說，春季會是比較少弊病的季節，也就是地支在寅卯辰，最為穩定理想。不過丙火也不介意較弱的搭配，像是秋冬環境的濕冷，或是金水較旺些，都還是可以調整平衡的狀態，但若是太旺，也就是夏季，則容易有缺水的問題。

通常丙火需要的條件，適合火土平衡，並不喜歡金水不穩定，逢遇到的環境不宜金水過旺，也不宜金水過弱，且火土也不可過多，否則會有無法平衡的弊病。

滴天髓論丙火：

「丙火猛烈，欺霜侮雪。能煅庚金，逢辛反怯。土眾成慈。水猖顯節，虎馬犬鄉，

甲來成滅。」

丙火屬於純陽之火、太陽之火，基本特質炎熱、炙熱，對秋冬的冰雪風霜都能除寒解凍。火能煉金，能使氣流變弱，調節氣流，讓較弱的氣流降雨。火能生土，火旺則土旺，火土同源。若遇水旺則火被壓制，旺水能讓丙火顯弱，更顯有禮。而地支寅午戌合火，屬實質之火旺，但若再遇旺木，木生火，則太過燥熱，不易平衡。

基本上對丙火的調候來說，最沒有弊病的狀態，整體搭配不宜過旺，火土都不宜太多，也不宜有過與不及的官殺，否則容易有難調整的問題。金水太弱也會有不穩定的各種問題。

若單從日主判斷：

・**丙寅**：農曆一月的丙火，氣候偏冷。寅支藏天干為甲丙戊，屬木。丙寅，正月之火，陽回大地，與月令木氣同時而至，氣溫漸漸回升。若逢遇木旺、火旺，則需要用壬水來制，但若是土旺，則需要甲木來平衡。基本上不宜過旺，理想的搭配會是偏弱，但也不宜官殺過多。

- **丙辰**：農曆三月的丙火，氣候偏暖，火氣漸炎。辰支藏天干為乙戊癸，屬土。丙辰，火生土。火土旺則需壬水調候，水旺能剋火，水少反被剋。仲春漸熱，宜金水並用，若官殺過多，則需甲木來生。理想的搭配會是中間偏弱，秋冬運還可接受，但不宜金水過旺。

- **丙午**：農曆五月的丙火，氣候炎熱，整體環境火炎土燥。午支藏天干為丁己，屬火土。丙午，月令陽刃，火氣炙熱。若無水源，則不易平衡。若是一片水旺，則喜甲乙木，不宜遇金水。理想的搭配會是整體溫度中間左右，不宜過與不及，否則易有弊病。

- **丙申**：農曆七月的丙火，氣候偏熱，但大環境陽氣漸衰，氣候開始不穩定。申支藏天干為戊庚壬，屬金。丙申，火剋金。丙火至申為病。若遇壬多，則宜取戊土。若金過多，則易財旺身弱，需比劫或印來幫。理想的溫度區間會是中間至偏弱，但不宜金水過旺。

‧**丙戌**：農曆九月的丙火，氣候偏冷，暮秋之氣，丙火愈衰。戌支藏天干為丁戊辛，屬土，戌宮火之墓庫。喜用木來幫，但不宜土來晦光。若土燥而重，必須以水來潤木。理想的搭配是壬甲，整體適合溫度中間至偏弱，不宜火土過旺。

‧**丙子**：農曆十一月的丙火，仲冬丙火，氣候寒冷。子支藏天干為癸，屬水。丙子，水剋火。丙火雖喜壬水輔映，也必須甲木來生助火旺，方能相得益彰。用戊更不可無甲。基本上，身旺用壬，壬多用戊，且需看日元之旺弱來斟酌。理想的搭配會是中間至偏弱，但忌金水過旺。

單從日主來判斷旺弱喜忌，並無法推論準確，要再加入其他三組年、月、時干支，才能較完整做判斷。

舉例來說：

1．寅月生（農曆一月份）

年、戊寅

月、甲寅

日、丙辰

時、丙申

此八字丙辰日，生於甲寅月，年柱是戊寅，時柱是丙申。整體地支溫度屬於中間，最高溫的地支是申，最低溫是兩個寅，加上辰。對丙火來說，不過熱及不過冷，算是調和的搭配，也較少弊病。而較理想的運勢，不宜過熱，也不宜缺水，有官殺無妨，也要考慮天干的沖刑現象。

若是此命盤為男命，則走順運、春夏運，乙卯、丙辰、丁巳、戊午、己未……，越走越燥熱，乙卯運屬條件不錯的印，但丙辰運與丁巳運，則會讓大環境過熱，要注意比劫方面的起伏及影響。戊午與己未運，土過於燥熱，明顯火生土現象，要注意缺水的問題，不過整體屬於穩定。

若是此命盤為女命，則走逆運，癸丑、壬子、辛亥、庚戌、己酉……，是屬於秋冬運，癸丑與壬子運，水過於濕冷旺盛，現象是水剋火，官殺相當大，但戊寅能稍穩定水旺。辛亥與庚戌運，屬於金旺的搭配，現象是火剋金但金剋木，月柱甲寅被剋不穩定。己酉運，火生土，且日柱與時柱都生土，是穩定的搭配。

2．卯月生（農曆二月份）

年、己卯

月、丁卯

日、丙申

時、癸巳

此八字丙申日，生於丁卯月，年柱是己卯，時柱是癸巳。整體環境溫度屬於偏熱，最高溫的地支是申，最低溫是兩個卯，及巳。對丙火來說，這樣的搭配屬於理想，年柱與月柱是火土天干，但要注意到時柱的癸水較弱，會有水不穩定的問題。

若是此命盤為男命，則走逆運、秋冬運，丙寅、乙丑、甲子、癸亥、壬戌……，整體是低溫的運勢走勢，前三個運勢雖是低溫的搭配，但木火出天干都屬理想，不過要注意若有庚辛金的流年，變化就會較大。癸亥與壬戌運，相當旺盛的水運，現象是水剋火，加上時柱也是水，明顯官殺較旺，要注意壓力引起的問題。

若是此命盤為女命，則走順運，戊辰、己巳、庚午、辛未、壬申……，是屬於春夏運，大方向是較熱的運勢，戊辰與己巳運，火生土現象，食傷的條件不錯，會有不錯的展現，但要注意缺水的問題。庚午與辛未運，現象是火剋金，由於金過弱，又有月柱的劫財現象，所以並不是理想的搭配。壬申運，水屬旺盛，加上時柱的癸巳，官殺都出天干，明顯有壓力，但相對會有不錯的發揮。

3．辰月生（農曆三月份）

年、癸未
月、丙辰
日、丙午
時、戊子

此八字丙午日，生於丙辰月，年柱是癸未，時柱是戊子。整體地支環境溫度屬於稍熱，最高溫的地支是未，最低溫是子，加上辰與午。對丙火來說，這樣的搭配還算理想，但前三柱較熱，就要注意前面年限的缺水現象。戊子時則扮演相當重要的平衡角色，既能平衡溫度又能穩定環境。

若是此命盤為男命，則走逆運，乙卯、甲寅、癸丑、壬子、辛亥……，是屬於春冬運，整體是越來越冷的搭配，乙卯與甲寅運，現象是木生火與水生木，年柱癸未明顯更弱，要注意缺水的問題。癸丑與壬子運，是非常旺盛濕冷的水搭配，現象是水剋火，基本上丙午不忌過旺的水，而且月柱丙辰也會有幫身的功能，但還是要注意官殺現象的影響。辛亥運，金旺，火剋金且丙辛合，金雖更旺盛不穩定，但戊子是不錯的平衡搭配。

若是此命盤為女命，則走順運、夏秋運，丁巳、戊午、己未、庚申、辛酉……，是屬於夏秋運，前三個運勢是相當炎熱的火土運勢，且會讓整個環境太過燥熱，更顯缺水。庚申與辛酉運，金相當旺盛，現象是火剋金，也是火煉金，也讓金更活潑旺盛，要注意流年出現甲乙木，但時柱戊子是不錯的穩定搭配。

4．巳月生（農曆四月份）

年、庚子

月、辛巳

日、丙寅

時、丙申

此八字丙寅日，生於辛巳月，年柱是庚子，時柱是丙申。整體地支環境溫度屬於中間，春、夏、秋、冬各有一地支，互相平衡。對丙火來說，這樣的搭配雖然調和，但容易有溫度起伏現象，加上年、月柱都是金出天干，年柱庚子低溫旺盛，火剋金現象是財旺身弱，時柱丙申有助火升溫作用。運勢則不宜金水過旺，會有官殺過旺的狀況。

若是此命盤為男命，則走順運、夏秋運，壬午、癸未、甲申、乙酉、丙戌……，前兩個運壬午與癸未，是屬於相當熱且缺水的搭配，不過因為年、月柱都會有金生水現象，所以不至於缺水，相對於日主的水剋火現象就會比較穩定，要注意忙碌與壓力的影響。甲申與乙酉運，木生火但金剋木，要注意地支寅巳申刑，木容易不穩定。丙戌運，地支寅午戌合火，拱丙午，是相當旺的比劫，要注意人際的影響。

若是此命盤為女命，則走逆運，庚辰、己卯、戊寅、丁丑、丙子……，是屬於春冬運，庚辰運屬金，加上年、月柱都是金天干，明顯火剋金，火顯得變弱。己卯與戊寅運，火生土且土生金，整體還算穩定。丁丑與丙子運，冬火相當弱，要注意人際起伏及劫財的影響。

5・午月生（農曆五月份）

年、丙子

月、甲午

日、丙午

時、庚寅

此八字丙午日，生於甲午月，年柱是丙子，時柱是庚寅。整體地支環境屬於偏熱，最高溫的地支是兩個午，最低溫是子，加上寅。對丙火來說，這樣的搭配還算調和，月柱甲午木旺，是相當旺的印，很實質的木生火，能維持一定的環境熱度。但不宜再逢遇過弱的水，會有缺水問題。

若是此命盤為男命，則走順運，乙未、丙申、丁酉、戊戌、己亥……，是屬於夏秋運，起運乙未，現象是木生火，印屬旺。丙申與丁酉運，現象還是木生火，月柱的甲午相當旺盛，能讓火旺且穩定，但要注意人際方面的問題。戊戌與己亥運，火生土，戊戌屬於穩定，但己亥較弱且時柱庚寅金弱，所以丙午會較費力，要生土也要剋金，要注意各方面的不預期起伏。

若是此命盤為女命，則走逆運、春冬運，癸巳、壬辰、辛卯、庚寅、己丑……，起運癸巳與壬辰，現象是水剋火，水弱且不穩定，但基本上是條件不錯的水。辛卯與庚寅運，金相當弱的搭配，火剋金，身旺財弱現象，要注意錢財方面的變動。己丑運，火生土，丙午有不錯的作用。

6・未月生（農曆六月份）

年、丁丑
月、丁未
日、丙子

時、己丑

此八字丙子日，生於丁未月，年柱是丁丑，時柱是己丑。整體地支環境屬於較冷，除了夏支未，其他都是冬支子丑。對丙火來說，這樣的搭配是相當冷的大環境，但月柱的丁未是非常熱的火，能夠稍微平衡整體火土的弱，提升整體溫度。不宜出現過弱的金或水，也不適合一片火土旺的運勢，容易有弊病。

若是此命盤為男命，則走逆運、夏春運，丙午、乙巳、甲辰、癸卯、壬寅……，起運丙運，是屬於非常熱的火搭配，因為地支子午沖，要注意人際的影響。乙巳與甲辰運，木生火現象，是條件相當理想的木，很不錯的貴人運，但要注意缺水的問題。癸卯與壬寅運，癸卯水較弱，水剋火反而水更弱，但壬寅是不錯的官殺，能夠有展現，但要注意己丑的影響，過冷的己丑無法讓水火有理想的作用，日主會感覺有壓力。

若是此命盤為女命，則走順運，戊申、己酉、庚戌、辛亥、壬子……，是屬於秋冬運，大方向氣候越來越濕冷。戊申與己酉運，現象是火生土，整體屬於穩定理想。庚戌與辛亥運，金較旺盛，火剋金且比劫爭財，金更顯旺盛活潑，要注意劫財問題。壬子運，水過於濕冷，對丙子來說官殺壓力過大，加上時柱己丑太低溫，會讓丙子更無力，所以各方面都要注意。

7．申月生（農曆七月份）

年、乙未
月、甲申
日、丙申
時、甲午

此八字丙申日，生於甲申月，年柱是乙未，時柱是甲午。整體地支溫度屬於炎熱，最高溫的地支是午未，加上兩個申。對丙火來說，這樣的搭配火屬相當旺，因為年、月、時柱都是旺盛的木，現象木生火，印旺讓丙火更旺盛，也是比較無法平衡的搭配組合。要注意過於燥熱，以及缺水的問題，也不宜有弱的金出現。

若是此命盤為男命，則走逆運，癸未、壬午、辛巳、庚辰、己卯……，是屬於夏春運，大方向屬高溫的運勢，癸未與壬午運，現象是水生木及水剋火，但水本身已經較弱，無力再育木及剋火，缺水變成弊病。辛巳與庚辰運，現象是火剋金及金剋木，金變化大也會讓大環境不穩定，要注意財不穩定的問題。己卯運，火生土，但甲己合土，甲與己都不理想。

若是此命盤為女命，則走順運、秋冬運，乙酉、丙戌、丁亥、戊子、己丑……，是屬於越來越冷的搭配。對丙火來說，能平衡整體高溫，乙酉、丙戌與丁亥運，現象是木生火，但秋冬運讓大環境降溫，不至於過偏，是不錯的運勢搭配。戊子運火生土，屬穩定。己丑運則要注意甲己合土的影響。

8．酉月生（農曆八月份）

年、丙申

月、丁酉

日、丙戌

時、乙未

此八字丙戌日，生於丁酉月，年柱是丙申，時柱是乙未。整體地支環境溫度中間，最高溫的地支是未，加上秋支申酉戌。對丙火來說，這樣的搭配還算理想，不過因為秋支金旺，即使年、月、日柱都是火出天干，整個大環境都還是火易不穩定的狀態，要注意金水運勢的影響。不宜有缺水的搭配，或是金水不穩定的組合。

若是此命盤為男命，則走順運，戊戌、己亥、庚子、辛丑、壬寅……，是屬於秋冬運，而戊戌與己亥運，現象是火生土，整體屬於穩定，沒有大弊病。庚子與辛丑運，冬金搭配，火剋金，基本上是理想的財運勢。壬寅運，水剋火及水生木，雖是官殺運，但會有展現。

若是此命盤為女命，則走逆運、夏春運，丙申、乙未、甲午、癸巳、壬辰……，是屬於炎熱的走勢，對丙火來說，容易火過旺。丙申、乙未與甲午運，現象是木生火，整體環境過於木火土旺，要注意流年金水弱的影響。癸巳與壬辰運，水較弱的搭配，水剋火反而水更弱，官殺不穩定，要注意忙碌的問題。

9．戌月生（農曆九月份）

年、己酉

月、甲戌

日、丙寅

時、庚寅

此八字丙寅日，生於甲戌月，年柱是己酉，時柱是庚寅。整體地支環境屬於偏冷，最高溫的地支是酉，低溫是兩個寅，加上戌。對丙火來說，這樣的搭配屬於調和，不過年干與月干甲己合，且己酉並不旺盛，所以是比較不穩定的搭配組合，甲戌的功能就不是太理想。丙寅是弱的火搭配，對於時柱庚寅的火剋金現象，基本上也會顯得不太穩定。

若是此命盤為男命，則走逆運，癸酉、壬申、辛未、庚午、己巳……，是屬於秋夏運，大方向是越來越熱的走勢，前兩個運癸酉與壬申，現象是水剋火，但年柱己酉則土剋水，而因己酉屬弱無法有力量剋旺水，還好月柱的甲戌能穩定環境，所以整體還算理想。辛未與庚午運，火剋金且金剋木，要注意錢財不穩定的影響。己巳運屬穩定。

若是此命盤為女命，則走順運、冬春運，乙亥、丙子、丁丑、戊寅、己卯……，是屬於較冷的走勢，對丙火來說，大環境會降溫，整體都會讓丙寅感覺有壓力的環境。乙亥、丙子與丁丑運，現象是木生火，也因為冬運低溫，而更凸顯年柱己酉的無力。戊寅與己卯運，現象是火生土，但還是需要更旺的火，才能讓土發揮作用。

10．亥月生（農曆十月份）

年、壬申

月、辛亥
日、丙午
時、庚寅

此八字丙午日，生於辛亥月，年柱是壬申，時柱是庚寅。整體地支環境溫度屬於中間，四季各有一支，呈現互相平衡。對丙火來說，這樣的搭配會因為天干刑剋及地支刑，而容易不穩定。年柱與月柱金水旺盛，也讓丙午明顯有壓力。就不宜再逢遇過於旺盛的金水搭配，官殺會過旺。

若是此命盤為男命，則走順運、冬春運，壬子、癸丑、甲寅、乙卯、丙辰……，前面兩個運勢壬子與癸丑，冬運，非常旺盛濕冷的搭配，加上年柱的壬申，水剋火，官殺非常明顯，並不是理想的運勢。甲寅與乙卯運，木生火且金剋木，臨官帝旺的木條件相當好，是不錯的印，會有不錯的貴人運。丙辰運，與月時柱火剋金，要注意人際方面的不穩定，與劫財的問題。

若是此命盤為女命，則走逆運，庚戌、己酉、戊申、丁未、丙午……，是屬於秋夏運，起運庚戌屬金旺，火剋金且金生水，會讓丙午不穩定。己酉運，己土偏弱，遇到金水旺盛則更弱。戊申、丁未與丙午運，火土旺盛，容易有劫財問題，加上庚寅金被火剋，會更弱更不穩定。

11・子月生（農曆十一月份）

年、己卯

月、丙子

日、丙子

時、丁酉

此八字丙子日，生於丙子月，年柱是己卯，時柱是丁酉。整體地支環境溫度屬於偏冷，最高溫的地支是卯酉，加上兩個冬支子。對丙火來說，這樣的搭配較弱，大環境溫度偏低，會讓丙火不穩定，而天干現象是火土，只有比劫與傷官。理想的搭配是讓丙火增溫平衡大環境，不宜逢遇到過旺的金水運。

若是此命盤為男命，則走逆運、冬秋及夏運，乙亥、甲戌、癸酉、壬申、辛未……，前兩個運乙亥與甲戌，是弱的木運，現象是木剋土及木生火，但木火土都弱，所以並不是理想的搭配。癸酉與壬申運，屬於源源不絕的水，水剋火，對丙子來說官殺相當旺，但會有不錯的展現。辛未運，金相當弱，火剋金讓金更弱，且有爭財現象。

若是此命盤為女命，則走順運，丁丑、戊寅、己卯、庚辰、辛巳……，是屬於春夏運，而前三個運勢丁丑、戊寅與己卯，火土屬弱，現象是火生土，整體屬穩定，但要注意逢遇到過旺的金水年。庚辰與辛巳運，現象是火剋金，金不穩定，要注意劫財現象。

12．丑月生（農曆十二月份）

年、戊戌

月、乙丑

日、丙辰

時、戊戌

此八字丙辰日，生於乙丑月，年柱是戊戌，時柱是戊辰。整體地支環境屬於偏冷，最高溫的地支是辰，最低溫是丑，加上兩個戌。此四柱都是庫，地支會有相沖的現象。對丙辰來說，月柱乙丑會是比較弱的搭配，也會讓其他的火土都降溫，印無力。

若是此命盤為男命，則走順運，丙寅、丁卯、戊辰、己巳、庚午……，是屬於春夏運，整體來說是越來越熱的搭配，前面四個運勢是火土運，現象是火生土，也能讓月柱乙丑增溫，是理想的運勢。庚午運，金弱，現象是火剋金，時柱戊戌能土生金，要注意財的不穩定，以及缺水的問題。

若是此命盤為女命，則走逆運、冬秋及夏運，甲子、癸亥、壬戌、辛酉、庚申……，是屬於濕冷的運勢。甲子運，木弱生火效果不理想。癸亥與壬戌運，相當旺的水，現象是水剋火及水生木，要注意官殺旺的問題，但戊戌能穩定過多的水。辛酉與庚申運，金旺盛，火剋金且土生金，對乙丑來說，金旺無妨，但要注意財不穩定現象。

丁火日主：

丁火的調和區間，基本上會是落在比較大的範圍，若從零到一百來說，就會是在20到85之間，都是屬於能接受的範圍。因為丁火代表溫度、熱度，並不是有形體的屬性，丁火需要用體感跟觀察，以及四季循環來做判斷。像是火旺在夏、弱在冬，就能有明顯的溫度高低感受。而就適合的溫度範圍來說，丁火並不會太介意冬季，只要整體運勢搭配能調和就可。丁火也能承受秋季的氣流不穩定狀態。不過若是整個搭配木火太旺，則會有太燥熱的問題，而如果太過濕冷，則官殺旺，考驗就會比較多。

通常丁火需要的條件，喜歡整體環境平衡，雖然不排斥高溫些或低溫些，但也不宜被剋太重，或是也不喜歡食傷過多。基本上需要水火土平衡最理想，不宜過與不及，才能稱得上是好運勢。

滴天髓論丁火：

「丁火柔中，內性昭融，抱乙而孝，合壬而忠，旺而不烈，衰而不窮，如有嫡母，可秋可冬。」

丁火的特性溫暖含蓄，也內斂溫和，若逢遇乙木，則為印來生，不輸甲木正印的功能。若有壬水出現，則與之合木，雖是官殺但能有成就，不失丁火本質。且丁火能夠適應的氣溫範圍相當大，即使過旺也不至於無法調整，即使過弱也不會無法作用。若有木印來幫身，則不介意過於濕冷的環境，像是秋季或冬季。

對於丁火的調候來說，整體溫度範圍比較大，較冷或較熱的氣候都是可接受的區間，且即使是較多的水或火，也都可以有方法能調候。不過大方向還是要看逢遇到的干支搭配而定，若是出現過多的金水旺，就比較不容易處理。

若單從日主判斷：

- **丁卯**：農曆二月的丁火，氣候微涼。卯支藏天干為乙，屬木。丁卯，木生火。地支生天干，若乙木屬旺，則不可無庚來制，若有乙無庚，較易有弊病。也不宜水多官殺過旺，則需土來出制。理想的搭配，不宜過與不及，需要能有喜神調候，一味的財或食傷過旺都不適合。
- **丁巳**：農曆四月的丁火，火氣乘旺，氣候炎熱。巳的支藏天干為戊丙庚，屬火，丙火臨官之地，丁仗丙威，炎烈莫當，丁火性雖昭融，亦自旺矣，甲多反為病。喜壬水制丙火，不奪丁光。四月丁火，本質就較旺，但不宜搭配火土過旺，雖不忌秋冬運，但也不宜過濕冷。
- **丁未**：農曆六月的丁火，氣候燥熱，整體環境火炎土燥。未支藏天干為乙己丁，屬火土。丁未，火生土。土旺洩丁，需要甲木來生助，但若火土炎燥，則需水來潤澤，壬水為佐。忌火旺而無水制，尤其是大暑前用壬；而大暑後金水進氣，專用甲木。但不宜過旺的火土，易有弊病。

・**丁酉**：農曆八月的丁火，氣候稍冷，大環境氣流旺盛。酉支藏天干為辛，屬金。丁酉，火剋金。三秋丁火，陰柔退氣，氣候漸寒，需要甲木來調候，但也不喜甲過旺，否則需要庚金來平衡。但若金水過旺，則需要土來制水。整體來說，不宜金水過旺，或是官殺過多。

・**丁亥**：農曆十月的丁火，氣候濕冷，丁火微寒，官殺較旺。亥的支藏天干是壬甲，丁亥，水剋火，需要木火來幫身，或地支亥需要有卯未來合。冬月之丁火，火弱、官殺旺，所以需要平衡，實質的木火都可以。甲木是理想的選擇，但若木過旺，則需要金來剋木。理想的搭配是中間或偏弱，不宜過與不及。

・**丁丑**：農曆十二月的丁火，氣候嚴寒，丁火微弱。丑支藏天干為辛己癸，屬土。

丁丑，水剋火。由於整體環境溫度相當低，對火來說是很旺的官殺，很需要有木火來平衡。若是金水過旺，則會是財旺身弱的現象，也會有它的弊病，理想的搭配會是春夏運，但也不宜火土過旺。

單一從日主來判斷旺弱喜忌，並無法推論準確，要再加入其他三組年、月、時干支，才能較完整做判斷。

舉例來說：

1．寅月生（農曆一月份）

年、辛卯

月、庚寅

日、丁酉

時、癸卯

此八字丁酉日，生於庚寅月，年柱是辛卯，時柱是癸卯。整體地支環境屬於稍冷，三個春支寅卯卯，加上一個秋支酉。對丁火來說，因為年、月柱都是金出天干，火剋金，且時柱癸水剋火，會讓日主丁火不太穩定，現象是財旺身弱的組合，要注意財方面的狀況。不宜再逢遇到金水旺的運勢，而喜歡火土來平衡。

若是此命盤為男命，則走逆運，己丑、戊子、丁亥、丙戌、乙酉……，是屬於冬秋運，是屬於低溫的運勢，己丑與戊子運，現象是火生土及土生金，對丁酉來說冬土太冷，丁火會較無力，但整體還算穩定。丁亥與丙戌運，比劫火剋金，火與金都會不穩定，要注意人際的影響。乙酉運，木生火，加上時柱水生木，要注意缺水的問題。

若是此命盤為女命，則走順運、春夏運，辛卯、壬辰、癸巳、甲午、乙未…，是屬於越來越熱的運勢，起運辛卯，火剋金現象，與年、月柱都是金，要注意金起伏的影響。壬辰與癸巳運，金生水且水剋火，官殺條件不錯，但要注意壓力與忙碌。

甲午與乙未運，是相當旺的木，木生火，但缺水。

2．卯月生（農曆二月份）

年、甲戌

月、丁卯

日、丁卯

時、癸卯

此八字丁卯日，生於丁卯月，年柱是甲戌，時柱是癸卯。整體地支環境屬於稍冷，有三個春支卯，加上戌。對丁火來說，這樣的搭配還算理想，而且年柱甲戌木生火，是不錯的搭配，也能穩定環境。但不宜金水過旺的運勢，官殺過旺會有弊病。

若是此命盤為男命，則走順運、夏秋運，戊辰、己巳、庚午、辛未、壬申……，前兩個運勢戊辰與己巳，火生土現象，食傷條件不錯，是理想的作用。庚午與辛未運，金弱，火剋金，有比劫爭財及忙碌的問題。壬申運，水剋火現象，加上時柱也是水，官殺出天干，雖有壓力但會有展現。

若是此命盤為女命，則走逆運，丙寅、乙丑、甲子、癸亥、壬戌……，是屬於冬秋運，屬於較冷的運勢搭配，前三個運勢現象是木生火，但冬木生火幫助不大，丁卯會比較費力。癸亥與壬戌運，水剋火現象明顯，且是非常旺的官殺組合，整體壓力過大，要注意各方面的不穩定。

3．辰月生（農曆三月份）

年、庚申
月、庚辰
日、丁未
時、辛丑

此八字丁未日，生於庚辰月，年柱是庚申，時柱是辛丑。整體地支環境溫度屬於中間，四季地支各一，能相互平衡。但因為年、月、時柱都是相當旺的辛金組合，且拱一個庚子，現象是火剋金，火旺金更旺，整體大環境變得不穩定。不宜有木出天干的搭配，金剋木則不理想，也不宜再逢旺的金水，適合穩定的運勢，以及能洩金的搭配。

若是此命盤為男命，則走順運、夏秋運，辛巳、壬午、癸未、甲申、乙酉……，是屬於偏熱的夏運、辛巳運，火剋金現象，加上年、月柱都是旺金，整體正、偏財都旺。壬午與癸未運，水弱，現象是金生水而水剋火，基本上丁未不忌官殺，且整體能洩金，平衡大環境的金過旺，但會是忙碌的現象。甲申與乙酉運，木生火且金剋木，要注意各方面的不穩定。

若是此命盤為女命，則走逆運，己卯、戊寅、丁丑、丙子、乙亥……，是屬於春冬運，對丁火來說，雖不忌冬運，但天干搭配也很重要。己卯與戊寅運，火生土現象，基本上是屬於穩定的搭配。丁丑與丙子運，火剋金，要注意比劫方面的影響。乙亥運，乙木相當弱，雖不忌金旺，但對整體環境幫助不大。

4．巳月生（農曆四月份）

年、丁亥

月、乙巳

日、丁酉

時、甲辰

此八字丁酉日，生於乙巳月，年柱是丁亥，時柱是甲辰。整體地支環境溫度屬於中間，四季各有一支，天干只有木與火，且都是旺木生弱火。對丁酉來說，這樣的搭配雖還算理想，但不宜金水過旺的運勢搭配，也要注意地支的刑剋現象。

若是此命盤為男命，則走逆運、春冬運，甲辰、癸卯、壬寅、辛丑、庚子……，是屬於春冬運，屬於越來越冷的現象。甲辰運，木生火現象，是理想的印。癸卯與壬寅運，水剋火也水生木，雖然是官殺，但整體屬理想，相當有展現。辛丑與庚子運，火剋金且金剋木，是相當低溫的金，對丁火來說財運不錯，但也會有壓力。

若是此命盤為女命，則走順運、夏秋運，丙午、丁未、戊申、己酉、庚戌……，前三個運是屬於相當燥熱的搭配，丙午、丁未與戊申運，火生土現象，火土旺的運勢，整體穩定，但要注意人際方面的影響。己酉運，己土屬弱，火生土現象，會讓丁酉日感覺較費力。庚戌運，要注意與時柱的天干剋且地支沖，各方面的不穩定。

5．午月生（農曆五月份）

年、丙寅

月、甲午

日、丁丑

時、乙巳

此八字丁丑日，生於甲午月，年柱是丙寅，時柱是乙巳。整體搭配溫度屬於偏熱，最高溫是巳午，最低溫是丑，加上寅。對丁丑來說，這樣的搭配屬於理想，現象是木生火，尤其是月柱甲午，是很重要的搭配。不宜出現過旺的金水運勢，容易有變動。

若是此命盤為男命，則走順運，乙未、丙申、丁酉、戊戌、己亥……，是屬於秋冬運，起運的乙未夏木，是木生火現象。丙申、丁酉運，是比劫，能助丁丑增溫，月柱甲午能穩定環境，也是木生火。戊戌，大方向屬穩定，但己亥運己土弱，容易有弊病，要注意食傷的不穩定。

若是此命盤為女命，則走逆運、春冬運，癸巳、壬辰、辛卯、庚寅、己丑……，是越來越冷的運勢。癸巳與壬辰運，水剋火且水生木，官殺條件不錯，會有不錯的作用。辛卯與庚寅運，金弱，現象是火剋金，金更弱，要注意劫財的問題。己丑運，己土弱，對日主與時柱來說並不理想。

6·未月生（農曆六月份）

年、戊辰

月、己未

日、丁巳

時、丙午

此八字丁巳日，生於己未月，年柱是戊辰，時柱是丙午。整體地支環境屬於炎熱，夏支巳午未，及春支辰。對丁火來說，這樣的搭配屬於相當旺盛，且天干都是火土，火炎土燥的大環境。年、月柱是食傷出天干，火生土現象明顯。此命盤是相當旺的火日主組合，最理想的運勢會是能降溫，也能平衡大環境的搭配，但不宜太缺水，會有弊病。

若是此命盤為男命，則走順運，庚申、辛酉、壬戌、癸亥、甲子……，是屬於秋冬運，會是越來越濕冷的走勢。庚申與辛酉運，現象是火剋金，但燥土生不了金，則會讓金更活潑不穩定，年柱的戊辰就會是很重要的穩定搭配。壬戌與癸亥運，水相當濕冷旺盛，雖是水剋火官殺旺，但年、月柱的燥土能有不錯的治水效果，整體是不錯的平衡。甲子運，木生火，但木相當弱，要注意地支的子午沖。

若是此命盤為女命，則走逆運、夏春運，戊午、丁巳、丙辰、乙卯、甲寅……，前三個是屬於較熱的運勢搭配，戊午、丁巳與丙辰運，火土相當旺，火炎土燥現象，要注意過於燥熱的不平衡，尤其是流年水弱的搭配。乙卯與甲寅運，現象是木生火。整體在比劫方面容易有弊病。

7．申月生（農曆七月份）

年、乙酉

月、甲申

日、丁巳

時、庚戌

此八字丁巳日，生於甲申月，年柱是乙酉，時柱是庚戌。整體地支環境屬於偏涼，秋支申酉戌，加上巳。對丁火來說，整體搭配火不太穩定，因為秋季金旺的特性，加上時柱的庚戌金相當旺，還好年、月柱是正偏印的搭配，能讓丁巳有木助。

不宜有過旺的金水運勢，也不宜過於缺水。

若是此命盤為男命，則走逆運，癸未、壬午、辛巳、庚辰，己卯……，是屬於春夏運，癸未與壬午運，水弱，水生木且水剋火，會有缺水的弊病。辛巳與庚辰運，火剋金，金剋木，財不穩定現象，忙碌但有作為。己卯運，火生土現象，地支卯戌合火，庚戌會更旺盛，財運不錯。

若是此命盤為女命，則走順運、秋冬運，乙酉、丙戌、丁亥、戊子、己丑……，是屬於越來越冷的搭配，對丁火來說，並不介意官殺旺。乙酉、丙戌與丁亥運，現象是木生火，整體屬於普通，但要注意比劫的影響。戊子與己丑運，火生土，對丁巳來說，食傷過冷會比較費力，但整體屬穩定。

8．酉月生（農曆八月份）

年、己未

月、癸酉

日、丁巳

時、丁未

此八字丁巳日，生於癸酉月，年柱是己未，時柱是丁未。整體地支環境溫度相當熱，三個夏支巳未未，加上酉。對丁火來說，由於丁火的調和區間相當大，所以這樣的搭配可接受，且月柱的癸酉水旺盛，對整體平衡是很重要的搭配。基本上，也不宜逢遇過旺的火土，缺水的現象會容易有狀況。

若是此命盤為男命，則走逆運、夏春運，壬申、辛未、庚午、己巳、戊辰……，是屬於相當熱的運勢搭配，對於丁火來說，容易有過熱或缺水的問題。壬申運，水相當旺，水剋火，整體是不錯的官殺運，會有不錯的展現。辛未與庚午運，火剋金且金生水，本來就弱的金顯得更弱，忙碌不得閒。己巳與戊辰運，現象是火生土，日主與時柱還拱了午，整體人際有合作機會。

若是此命盤為女命，則走順運，甲戌、乙亥、丙子、丁丑、戊寅……，是屬於秋冬運，整體環境越來越冷，對丁火來說，並不忌冬運，但不宜金水過旺。甲戌與乙亥運，木生火且木剋土，整體是不錯的印。丙子與丁丑運，相當弱的火，要注意人際的影響。戊寅運，火生土現象，是理想穩定的搭配。

9．戌月生（農曆九月份）

年、甲午
月、甲戌
日、丁酉
時、癸卯

此八字丁酉日，生於甲戌月，年柱是甲午，時柱是癸卯。整體地支環境溫度屬於中間，最高溫是午，最低溫是戌，而年、月柱地支合火，對丁火來說，因為木生火現象，印非常旺。也讓整體溫度上升。要注意可能的缺水問題，也不宜逢遇到金旺的搭配。

若是此命盤為男命，則走順運、冬春運，乙亥、丙子、丁丑、戊寅、己卯……，運勢是較低溫的現象，起運乙亥，木生火，但重點是地支亥的低溫，能平衡過熱的環境。丙子與丁丑運，現象木生火，是比劫運，屬於理想，但要注意人際的變動。戊寅與己卯運，火生土及土剋水，食傷剋官，時柱癸卯更弱，也會讓日主與時柱的天干地支沖刑更明顯。

若是此命盤為女命，則走逆運，癸酉、壬申、辛未、庚午、己巳……，是屬於秋夏運，大方向是越來越熱的走勢。癸酉與壬申運，相當活潑旺盛的水搭配，現象是水生木且水剋火，水火濟濟，是相當好的運勢，有展現。辛未與庚午運，金相當弱，對於年、月柱的旺木，會讓金更弱更不穩定，要注意財的起伏問題。己巳運，食傷剋官，時柱癸卯更弱，各方面都要注意。

10．亥月生（農曆十月份）

年、壬寅

月、辛亥
日、丁巳
時、辛亥

此八字丁巳日，生於辛亥月，年柱是壬寅，時柱是辛亥。整體地支環境屬於偏冷，除了最高溫的地支巳，最低溫是兩個亥，加上寅。對丁火來說，這樣的搭配還能接受，即使是年、月、時柱都是金水旺盛的搭配，官殺相對較旺，丁火並不介意火弱。但要注意不宜再逢遇過旺的金水，火太過弱會比較無法有作用。

若是此命盤為男命，則走順運、冬春運，壬子、癸丑、甲寅、乙卯、丙辰……，是屬於較冷的搭配，就要注意到缺火的問題。壬子、癸丑運，水非常濕冷旺盛，水剋火，官殺非常的旺，要注意從小的壓力及家運的變動。甲寅與乙卯運，木生火但金剋木，有印來幫身，整體運勢穩定許多。丙辰運，火剋金，會有劫財爭財的問題，要注意財運的起伏。

若是此命盤為女命，則走逆運，庚戌、己酉、戊申、丁未、丙午……，是屬於秋夏運，是屬於越來越熱的運勢。起運庚戌，金生水、火剋金，對丁巳日來說，財旺身弱，並不理想。己酉與戊申運，秋土生金，日主火生土，整體相對是穩定的運勢搭配。丁未與丙午運，火非常的旺盛燥熱，明顯劫財很重，要注意人際的影響。

11・子月生（農曆十一月份）

年、戊午

月、甲子

日、丁酉

時、壬寅

此八丁酉日，生於甲子月，年柱是戊午，時柱是壬寅。整體地支環境屬於偏涼，四季各有一支，月柱的甲子，雖然是正印但過冷，實質效果不佳。對丁酉來說，對於濕冷並不介意，但也不宜過多的金水，官殺旺還是會有弊病。

若是此命盤為男命，則走順運，乙丑、丙寅、丁卯、戊辰、己巳……，是屬於春夏運，整體來說是屬於理想的走勢。起運的乙丑，木生火但木弱，作用不大，但年柱的戊午夠旺盛，能提升溫度。丙寅與丁卯運，木生火、火生土，是還不錯的比劫。戊辰與己巳運，火生土、木剋土，且土剋水，比量上土是最旺的組合，作用也會最理想，育木或是蓄水都不錯，所以是條件相當好的食傷。

若是此命盤為女命，則走逆運、冬秋及夏運，癸亥、壬戌、辛酉、庚申、己未……，是屬於較濕冷的運勢走勢。癸亥與壬戌運，是相當旺盛濕冷的水，但因為年柱的戊午厚土夠旺，能夠理想的剋水，也平衡了水旺剋火的現象。辛酉與庚申運，很旺的金，現象是火剋金且金剋木，對於月柱甲子會有的損傷。己未運，火生土、土剋水，食傷剋官，各方面都要注意。

12・丑月生（農曆十二月份）

年、乙卯

月、己丑

日、丁亥

時、壬寅

此八字丁亥日，生於己丑月，年柱是乙卯，時柱是壬寅。整體地支環境屬於偏冷，有兩個冬支亥丑，加上兩個春支寅卯，對丁火來說，雖然較弱，但不介意偏冷的環境。理想的運勢會是能增溫的走勢，不宜過濕冷的運勢，會有過與不及的弊病，尤其是官殺過旺。

若是此命盤為男命，則走逆運、冬秋運，戊子、丁亥、丙戌、乙酉、甲申……，是屬於較冷的環境搭配，起運戊子，冬土，現象是火生土且木剋土，但整體只會更低溫，所以對日主來說是比較辛苦的狀態。丁亥與丙戌運，木生火、火生土，是越來越熱的火，但要注意比劫的影響。乙酉與甲申運，木生火且水生木，乙酉的影響會是木火水都不穩定的搭配，到甲申就有不錯的熱度，大環境也相對穩定理想。

若是此命盤為女命，則走順運，庚寅、辛卯、壬辰、癸巳、甲午……，是屬於春夏運，整體來說是越來越熱的運勢。庚寅與辛卯運，金弱，金剋木加上火剋金，對於年柱乙卯其實還不錯。壬辰與癸巳運，是條件不錯的官殺，但要注意火弱的影響，婚姻或健康都要多用心。甲午運，基本上是相當旺的印，水生木，木生火，整體會比較忙碌。

3.土日主（戊、己）

戊土日主：

戊土的調和程度，基本上在中間到偏旺的區間算是理想範圍。整體來說，春夏季會是比較理想的季節，由於戊土的作用是育木與蓄水，所以相較來說，春夏季是最為穩定理想的搭配。尤其是在蓄水的功能時，戊土就需要是較旺的地支搭配，像是夏季的地支巳午未，才能讓戊土比較實質有效的蓄水。但若是整體火土過旺，也容易有缺水的問題，所以需要維持在調和的範圍，才能有較少弊病。

通常戊土需要的條件，適合整體平衡，並不喜歡木火土過旺或是金水弱，主要在春夏運會是比較理想的運勢搭配。

滴天髓論戊土：

「戊土固重，既中且正，靜翕動闢，萬物司令，水潤物生，土燥物病，若在艮坤，怕沖宜靜。」

戊土屬於陽土，就像高山一樣的厚土，穩固厚重，居中得正，土居中央，寄於四隅。秋收冬藏，代表戊土在秋冬之際，氣靜而收斂；春耕夏耘，氣動而闢，故為萬物之司令，大地生萬物。若是在火炎土燥之時，則喜水來潤土，因為土燥則物枯，無法育木。而若是在寅申月，則不喜歡有地支的沖刑剋現象，尤其是較弱的搭配，則更需要穩定的環境。

基本上對戊土的調候來說，若是要育木，則需要水火平衡，春運會比較適合；而若是要蓄水的話，則會比較喜歡熱一些的夏運，戊土才會比較有力量能發揮作用。火是土的生命力，且火土同源，所以對戊土來說，比較理想的變旺方式為火來生土，弊病也相對會比較少。

若單從日主判斷：

- **戊寅**：農曆一月的戊土，氣候偏冷。寅支藏天干為甲丙戊，屬木。戊寅，木剋土，木旺則土自弱，喜火來生扶。若逢遇水過旺，則需要用土來幫助；弱木過旺，則需要金來制木。也不宜金過旺，會洩多而盜土氣。整體來說，戊寅屬弱土，主要喜火，才能更實質有作用。
- **戊辰**：農曆三月的戊土，氣候偏暖，火氣漸炎。辰支藏天干為乙戊癸，屬土。戊辰，三春戊土，既能育木、也能蓄水，但若土過旺，則需甲木來制。若火過旺，則需水來調候。基本上，理想的搭配會是中間偏旺，太弱的戊土無法有好的作用，不管是育木或是蓄水，尤其是蓄水功能，則需要更旺些。

• **戊午**：農曆五月的戊土，氣候炎熱，整體環境火炎土燥。午支藏天干為丁己，屬火土。戊午，火氣炙熱，戊土燥熱。若無水源，則太過缺水，一片火土旺熱，不易平衡。喜水來中和，再者需要木來剋制。理想的搭配會是中間至偏旺，適合蓄水；但若要育木，則需要更多水來調和。

• **戊申**：農曆七月的戊土，氣候偏熱，但陽氣漸入，大環境陽氣漸衰，寒氣漸出，氣候開始不穩定。申支藏天干為戊庚壬，屬金。戊申，土生金。金水進氣，若金水多，則宜用火。若土過旺，則宜木來疏之。理想的搭配會是中間至偏旺，育木或蓄水皆可，但不宜金水過旺。

• **戊戌**：農曆九月的戊土，氣候偏冷，暮秋之氣，戊土偏弱。戌的支藏天干為丁戊辛，屬土，戌宮火之墓庫。若要財旺成局，喜用火來幫，若支成火局，得金水二透，則能發揮蓄水功能。理想的搭配是中間至偏旺，不宜土過旺或是金水過旺，整體還是要看有無火搭配。

• **戊子**：農曆十一月的戊土，氣候寒冷，需要有火來調候。子的支藏天干為癸，屬水。戊子，土剋水。冬土顯得相當弱，嚴冬調候火重重而不厭，有火方能任用財官。不管是要育木或是蓄水，皆需有火來助土。若比劫多，則喜見甲木來平衡。理想的搭配會是中間至偏旺，但忌金水過旺。

單一從日主來判斷旺弱喜忌，並無法推論準確，要再加入其他三組年、月、時干支，才能較完整做判斷。

舉例來說：

1．寅月生（農曆一月份）

年、甲午

月、丙寅
日、戊子
時、壬戌

此八字戊子日，生於丙寅月，年柱是甲午，時柱是壬戌。整體地支環境溫度屬於中間，四季各有一支，能互相平衡。而對戊子來說，需要再增加些溫度，才能更有作用，所以需要先補火，再考慮其他的搭配即可。

若是此命盤為男命，則走順運、春夏運，丁卯、戊辰、己巳、庚午、辛未……，是越來越熱的運勢，對戊土來說，大方向還不錯。起運丁卯，木生火且火生土，是不錯的搭配，但要注意與日主的地支刑現象。戊辰與己巳運，屬於旺的比劫，要注意人際的影響。庚午與辛未運，相當弱的金，土生金、金生水現象，因為時柱的壬戌水相當旺，要注意忙碌與財方面的不穩定。

若是此命盤為女命，則走逆運，乙丑、甲子、癸亥、壬戌，辛酉……，是屬於秋冬運，是相當濕冷的運勢走勢，整體會讓大環境溫度降低，對戊土的作用沒幫助。乙丑與甲子運，弱的木搭配，但重點是讓戊子更弱，加上年柱的旺木，是官殺相當旺的組合，對戊子是相當大的壓力，但也相當有規範。癸亥與壬戌運，旺盛濕冷的水搭配，水剋火，但戊子剋旺水也比較費力，顯得月柱丙寅火更無力，是相當缺火的環境。辛酉運，金旺盛，土生金且金生水，食傷生財，但火不夠旺，易有弊病。

2．卯月生（農曆二月份）

年、丁卯

月、癸卯

日、戊寅

時、壬子

此八字戊寅日，生於癸卯月，年柱是丁卯，時柱是壬子。整體地支環境屬於偏冷，三個春地支寅卯卯，加上一個冬支子。對戊土來說，這樣的搭配需要補火土，需要增加溫度才能有所作用，不管是要育木或是蓄水，都需要有一定的溫度才較理想。不宜出現過旺的金水搭配。

若是此命盤為男命，則走逆運、秋冬運，壬寅、辛丑、庚子、己亥、戊戌……，是屬於較冷的運勢走勢，並沒有真正補到火土，對大環境的幫助不大。起運壬寅，對年柱水剋火，但日主土剋水效果不佳。辛丑與庚子運，是相當低溫的旺金，土生金現象，食傷相當旺，整體缺火土。己亥與戊戌運，比劫運，戊戌會是較理想的搭配，能夠穩定大環境的水過旺現象。

若是此命盤為女命，則走順運，甲辰、乙巳、丙午、丁未，戊申……，是屬於春夏運，大方向補火土的運勢。甲辰與乙巳運，木剋土現象，雖然官殺相當旺，但屬於條件相當好的木搭配，對戊土來說，會有不錯的作用。丙午與丁未運，火非常旺盛炎熱，貴人運理想，但要注意月柱的水不穩定。戊申運，是不錯條件的比肩搭配。

3．辰月生（農曆三月份）

年、癸未

月、丙辰

日、戊申

時、丁巳

此八字戊申日，生於丙辰月，年柱是癸未，時柱是丁巳。整體地支環境屬於炎熱，最高溫的地支是未，最低溫是辰，加上巳申，是很實質的高溫。對戊土來說，月與時柱都是火出天干，且年柱的地支也是非常熱的環境，戊土相當旺盛，但相對會讓年柱癸未非常弱。缺水則會是弊病，就不宜再逢遇到過弱的癸。

若是此命盤為男命，則走逆運，乙卯、甲寅、癸丑、壬子、辛亥……，是屬於春冬運，越來越冷的運勢，對戊土來說，會比較費力。乙卯與甲寅運，木剋土且水生木，是相當旺的官殺，也要注意缺水現象，整體壓力大、忙碌。癸丑與壬子運，旺盛濕冷的水搭配，現象是土剋水，財非常旺，還好命盤的火土也夠旺盛，能平衡整體環境。辛亥運，土生金、火剋金現象，屬於食傷被印剋，易有弊病。

若是此命盤為女命，則走順運、夏秋運，丁巳、戊午、己未、庚申、辛酉……，前三個運是屬於相當炎熱的火土運勢，會讓整體火土過旺更缺水，整體相當難平衡。庚申與辛酉運，土生金但火剋金，會讓金更旺更犀利，要注意食傷引起的問題。

4·巳月生（農曆四月份）

年、庚辰

月、辛巳

日、戊戌

時、丁巳

此八字戊戌日，生於辛巳月，年柱是庚辰，時柱是丁巳。整體地支環境屬於稍熱，最高溫的地支是兩個巳，加上辰戌，對戊土來說，這樣的搭配還算理想，土的旺弱並沒有過與不及的狀況。基本上，不宜逢遇到過弱的水，或是過旺的火土，才不會有無法平衡的問題。

若是此命盤為男命，則走順運、夏秋運，壬午、癸未、甲申、乙酉、丙戌……，是屬於相當熱的搭配，對戊土來說，整體會比較忙碌。壬午與癸未運，水相當弱，現象是金生水且土剋水，食傷生財，要注意戊癸合火缺水的問題。甲申與乙酉運，木剋土但金剋木，有展現但不太穩定。丙戌運，火生土，時柱也是火生土，正偏印都出現，要注意過熱的問題。

若是此命盤為女命，則走逆運，庚辰、己卯、戊寅、丁丑、丙子……，是屬於春冬運，大方向是越來越冷的走勢。起運庚辰，土生金，且年、月柱都是金出干的搭配，食傷相當旺，聰明有餘。己卯與戊寅運，土生金現象，比劫還算穩定。丁丑與丙子運，相當弱的火搭配，火生土現象，整體會降溫許多，會讓戊土作用不穩定。

5．午月生（農曆五月份）

年、甲申

月、庚午
日、戊戌
時、丙辰

此八字戊戌日，生於庚午月，年柱是甲申，時柱是丙辰。整體地支環境屬於稍熱，最高溫的地支是午，最低溫是戌，加上辰申，對戊土來說，這樣的地支還算理想，但因為年、月柱天干相沖，則會影響展現。不宜逢遇到過弱的水運，缺水會有弊病。也要注意金剋木所帶來的問題。

若是此命盤為男命，則走順運，辛未、壬申、癸酉、甲戌、乙亥……，是屬於夏秋運，是越來越冷的走勢，對戊土來說，也會比較弱。辛未運，相當弱的金，土生金又金剋木，金會更弱更不穩定。壬申與癸酉運，水相當旺盛活潑的搭配，是不錯的財運勢。甲戌與乙亥運，木剋土現象，屬於弱的木搭配，是有弊病的官殺，各方面容易不穩定。

若是此命盤為女命，則走逆運、春冬運，己巳、戊辰、丁卯、丙寅、乙丑……，前四個運勢是火土出天干的搭配，整體現象火生土，對戊戌來說，影響不大，但要注意流年出現金水弱，則易有狀況。乙丑運，冬木，木剋土且木生火，官殺類型並不理想。

6．未月生（農曆六月份）

年、己巳
月、辛未
日、戊子
時、癸丑

此八字戊子日，生於辛未月，年柱是己巳，時柱是癸丑。整體地支環境溫度屬於中間，有兩個高溫巳未，加上兩個低溫子丑。對戊土來說，這樣的搭配還算理想，但起伏相當大，會在日主年限之前相當熱，而之後則相當冷，也就是三十歲之前都屬高溫。所以不宜在前面的運勢走過熱，而後面過冷也不佳。最理想的運勢會是後面要補到火土。

若是此命盤為男命，則走逆運、夏春運，庚午、己巳、戊辰、丁卯，丙寅……，是屬於相當熱的搭配，對戊土來說，前兩個運非常炎熱，與年、月柱差不多都是土旺金弱，要注意人際的影響。戊辰運，是條件不錯的比肩運，地支子辰合，能合作生財。丁卯與丙寅運，火屬弱，既要火生土，又要被水剋，明顯不穩定。

若是此命盤為女命，則走順運，壬申、癸酉、甲戌、乙亥、丙子……，是屬於秋冬運，整體會越來越冷，所以後面就會過冷也缺火。壬申與癸酉運，對戊土來說，是不錯的運勢，但前提是要戊土夠旺盛，而此命盤在三十歲前土都非常旺。甲戌與乙亥運，木不穩定，土要育木也需要有熱度，所以會有無力感。丙子運，冬火太弱，還會被時柱水剋火，是不理想的搭配。

7．申月生（農曆七月份）

年、庚寅
月、甲申
日、戊寅
時、丁巳

此八字戊寅日，生於甲申月，年柱是庚寅，時柱是丁巳。整體地支環境屬於稍熱，最高溫的地支是申，最低溫是兩個寅，加上巳。對戊土來說，這樣的搭配還算理想，但因為地支出現寅巳申刑現象，加上月柱天干是甲，且年柱天干有庚金，就會有實質的木被刑剋狀況，也會影響作用。若運勢過熱，則要注意缺水的問題。

若是此命盤為男命，則走順運、秋冬運，乙酉、丙戌、丁亥、戊子、己丑……，是屬於越來越冷的走勢。起運乙酉，要剋土又要與年柱乙庚合，對本來就屬弱的乙木來說，作用會不穩定。丙戌與丁亥運，火生土現象，但丁亥的熱度相當弱，只會降溫，效果不理想。戊子與己丑運，是相當冷的土搭配，但時柱的丁巳火旺能平衡大環境的溫度。

若是此命盤為女命，則走逆運，癸未、壬午、辛巳、庚辰、己卯……，是屬於夏春運，大方向是不錯的走勢，但因為運勢較熱，也相對比較缺水。癸未與壬午運，水弱的搭配，土剋水且戊癸合，會是忙碌現象。辛巳與庚辰運，土生金且金剋木，會影響展現。己卯運，劫財桃花，要注意感情及人際的問題。

8．酉月生（農曆八月份）

年、丁亥
月、己酉
日、戊子
時、丁巳

此八字戊子日，生於己酉月，年柱是丁亥，時柱是丁巳。整體地支環境屬於偏冷，最高溫的地支是巳，最低溫是亥子，加上酉。對戊土來說，這樣的搭配火土較弱，也會比較無法有理想的作用。此四柱都是火生土現象，但前三柱的火土較無力，不管是要育木或是蓄水都太弱，但時柱丁巳是相當熱的火，能夠有不錯的升溫效果。

若是此命盤為男命，則走逆運、夏春運，戊申、丁未、丙午、乙巳、甲辰……，是屬於相當熱的運勢，而這樣的運勢的確能幫助弱的戊土增溫許多，尤其是前三個運勢，能平衡大環境的火土弱，發揮作用。乙巳與甲辰運，是條件不錯的官殺，雖然有壓力，但也會有展現。

若是此命盤為女命，則走順運，庚戌、辛亥、壬子、癸丑、甲寅……，是屬於秋冬運，整體運勢相當濕冷，其實是並不是太理想的運勢。庚戌與辛亥運，金旺盛的搭配，現象是土生金，也會讓年柱丁火更弱，食傷過旺易有弊病。壬子與癸丑運，水低溫濕冷，土剋水但財旺身弱。甲寅運，木剋土現象，丁巳能旺戊子，讓育木作用更理想。

9．戊月生（農曆九月份）

年、丙子

月、戊戌

日、戊辰

時、己未

此八字戊辰日，生於戊戌月，年柱是丙子，時柱是己未。整體地支環境屬於稍冷，四季都有一支，有三個庫，加上子。對戊土來說，這樣的搭配屬於偏弱，雖然天干都是火土，但年、月柱的搭配比較冷，只有時柱的己未是燥熱的搭配，而己未是相當重要的劫財，有喜有忌，一來會助大環境提升溫度，二來也會有劫財的現象出現。

若是此命盤為男命，則走順運、冬春運，己亥、庚子、辛丑、壬寅、癸卯……，是屬於較冷的搭配。起運己亥，是弱的劫財，整體並不是理想的搭配。庚子與辛丑運，是相當低溫旺盛的搭配，現象是土生金，金過旺，要注意食傷過旺的問題。壬寅與癸卯運，土剋水，月柱與時柱也都是土，所以要注意劫財與人際的影響。

若是此命盤為女命，則走逆運，丁酉、丙申、乙未、甲午、癸巳……，是屬於秋夏運，大方向是相當熱的走勢，丁酉與丙申運，火生土現象，整體屬穩定。乙未與甲午運，是相當旺盛的木搭配，木剋土，官殺旺，有展現但較缺水。癸巳運，水弱被土剋，劫財明顯。

10・亥月生（農曆十月份）

年、丁卯
月、辛亥
日、戊午
時、壬戌

此八字戊午日，生於辛亥月，年柱是丁卯，時柱是壬戌。整體地支環境屬於偏冷，四季各有一支，但年、月柱的搭配項較低溫，時柱的水也過旺，對戊土來說，相對會比較弱，需要增加火土才能有較理想的作用。

若是此命盤為男命，則走逆運，庚戌、己酉、戊申、丁未、丙午……，是屬於秋夏運，整體是越來越熱的走勢。起運庚戌，土生金現象，但不利年柱的丁卯，印會較無力。己酉與戊申運，秋土生金，月柱金更旺，要注意比劫的影響。丁未與丙午運，相當旺盛燥熱的搭配，火生土現象明顯，對於時柱的水旺有穩定的幫助。

若是此命盤為女命，則走順運、冬春運，壬子、癸丑、甲寅、乙卯、丙辰……，前兩個屬於濕冷的冬運，壬子與癸丑，明顯會讓年柱丁卯更弱，且加上月柱的辛亥金生水，戊午也會比較無力理想的剋水。甲寅與乙卯運，與月柱形成土生金而金剋木、但木剋土，要注意官殺的不穩定。丙辰運，條件不錯的印，但與時柱天干地支都沖，屬於理想但有弊病。

11．子月生（農曆十一月份）

年、己亥

月、丙子

日、戊寅

時、壬戌

此八字戊寅日，生於丙子月，年柱是己亥，時柱是壬戌。整體地支環境屬於較冷，最高溫的地支是戌，最低溫是亥子，加上寅。對戊土來說，這樣的搭配較弱，並不是穩定理想的搭配，既不宜育木也不適合蓄水，需要補到相當的火土才能平衡環境。

若是此命盤為男命，則走逆運、冬秋及夏運，乙亥、甲戌、癸酉、壬申、辛未……，前四個運是屬於較冷的搭配，對本命較弱的戊土來說，其實並不是太理想的運勢走勢。乙亥與甲戌運，木剋土現象，尤其是甲戌運的甲己合，會讓年柱的己亥不穩定，要注意官殺與劫財的問題。癸酉與壬申運，水相當活潑旺盛，會讓戊寅要土剋水較無力。辛未運，地支是夠熱的未，能實質的讓環境增溫，但辛金太弱，要注意食傷的不穩定。

若是此命盤為女命，則走順運，丁丑、戊寅、己卯、庚辰、辛巳……，是屬於春夏運，整體來說是越來越熱的走勢。丁丑、戊寅與己卯運，火土都屬弱，與命盤裡的年、月、日柱差異不大，還是缺火。庚辰與辛巳運，土生金且金生水，食傷生財的類型，越來越理想。

12．丑月生（農曆十二月份）

年、丙子
月、辛丑
日、戊子
時、癸丑

此八字戊子日，生於辛丑月，年柱是丙子，時柱是癸丑。整體地支環境屬於嚴寒，四支都是冬支，對戊土來說，是非常弱的狀態，不管如何都需要增加火土才能有作用。不宜再逢遇金水旺，或也不宜有旺的木搭配，過弱的土則無法平衡。

若是此命盤為男命，則走順運，壬寅、癸卯、甲辰、乙巳、丙午……，是屬於春夏運，是越來越熱的走勢，壬寅與癸卯運，條件不錯的水搭配，但因為年、月柱過冷，也會讓日主的作用不穩定。甲辰與乙巳運，是相當好的木搭配，木剋土但金剋木，雖有展現但要注意不預期的狀況。丙午運，很實質的火旺，理想的運勢。

若是此命盤為女命，則走逆運、冬秋運，庚子、己亥、戊戌、丁酉、丙申……，前幾個運是低溫的走勢，對戊子來說，並不是理想的運勢，整體太過缺火土，但戊戌運能穩定環境，且能增加一些熱度的搭配，是不錯的比肩。丁酉與丙申運，火不穩定，加上時柱癸丑水非常低溫旺盛，火會更不穩定。

己土日主：

己土的調和區間，基本上會是在較高的溫度範圍，若從零到一百來說，就會是在45到85之間，都是屬於能調和的範圍。因為己土代表薄土、規模較小的土，己土需要用來育木跟蓄水，以及四季溫度來做判斷。像是土旺在夏、弱在冬，就能有明顯的溫度高低感受。而就適合的溫度範圍來說，己土並不喜歡冬季，但只要整體運勢搭配能調和就可。己土也能承受秋季的氣流不穩定狀態。不過若是整個搭配火土太旺，則會有太燥熱的問題，而如果太過濕冷，己土太弱，考驗就會比較多。

通常己土需要的條件，喜歡整體環境平衡，雖然不排斥高溫些或低溫些，但也不宜被剋太重，或是也不喜歡食傷過多。基本上需要水火土平衡最理想，不宜過與不及，才能稱得上是好運勢。

滴天髓論己土：

「己土卑濕，中正蓄藏。不愁木盛，不畏水狂。火少火晦，金多金光。若要物旺，宜助宜幫。」

己土屬於田園之土，卑薄軟濕，亦主中正而能蓄藏萬物。柔土能育木，亦不愁木盛。若不畏水多，則需要土質堅固。若逢遇到的火較弱，則火會因濕土而更弱些；潤土能生金，潤金氣。若要滋生萬物，吐芽生苗、充盛長旺，則需要火土來幫助，己土才能更穩固。

基本上對己土的調候來說，不管是要育木或是蓄水，都需要有一定的旺度，但也不宜過於火炎土燥，所以春夏運會比較適合。若是用比劫來才幫身，也是不錯的搭配，但要注意不喜木過旺，也不宜金水過多。

若單從日主判斷：

- **己卯**：農曆二月的己土，氣候微涼，陽氣漸生。卯支藏天干為乙，屬木。己卯，木剋土，地支剋天干。若逢土旺，則需有木來疏之；但若木旺，則需有庚來制，或需有比劫印來幫。己土不宜金水過旺，否則不易平衡。理想的搭配，要有一定的火土調候，中間偏旺會比較適合。

• **己巳**：農曆四月的己土，氣候炎熱，火炎土旺。巳的支藏天干為戊丙庚，屬火。己巳，帝旺之土，若搭配土火過旺，則喜金水，辛金生癸水，涓涓不絕，可得潤澤之用。四月己土，本質就比較旺，可育木或蓄水，但不宜一片火土過旺，缺水易有弊病。

• **己未**：農曆六月的己土，氣候燥熱，整體環境火炎土燥。未支藏天干為乙己丁，屬火土。己未，火土旺。若整體搭配一派火土旺，則需金水來平衡，即使有木來制土，還是需要水來解炎，否則木易枯。不管是要育木或蓄水，都不可太偏旺燥熱，不可無水。

• **己酉**：農曆八月的己土，氣候稍冷，氣流旺盛。酉支藏天干為辛，屬金。己酉，土生金。三秋己土，寒氣漸升，內實外虛，需火溫之。因為秋季金旺，土氣洩弱，若搭配有水，則易金水過旺，顯得己土更弱。秋季己土首要火來助益。也不宜木過旺、官殺過多。

- **己亥**：農曆十月的己土，氣候濕冷，濕泥寒凍。亥的支藏天干是壬甲，己亥，木剋土、土剋水，很需要火來幫身，若是整體搭配過弱，則較難有作用。冬月己土，火土弱，不管是要育木或蓄水，都需要有一定的熱度，火就更顯重要。若金水過旺，則財旺身弱，己土反被水剋，所以需要火土來助。
- **己丑**：農曆十二月的己土，氣候嚴寒，己土卑濕。丑支藏天干為辛己癸，屬土。己丑，冬季結凍之土。若要育木，很需要火來相生，且要實質有力的火；若要蓄水，則需戊土來幫身，財旺用劫，才能有作用，且若火土並用，會更理想。不宜金水過旺，易有無法平衡的弊病。

單一從日主來判斷旺弱喜忌，並無法推論準確，要再加入其他三組年、月、時干支，才能較完整做判斷。

舉例來說：

1．寅月生（農曆一月份）

年、甲子
月、丙寅
日、己丑
時、甲子

此八字己丑日，生於丙寅月，年柱是甲子，時柱是甲子。整體地支環境屬於寒冷，四個地支都相當低溫。對己土來說，顯得太冷太弱，非常需要補到旺的火土，才能有理想的作用。而月柱丙寅即使是火，但其實也是弱的搭配，幫助並不大，加上年柱與時柱都是甲子，木剋土且甲己合，會使己丑更弱更不穩定。也不宜再逢遇到過濕冷的金水木運。

若是此命盤為男命，則走順運、春夏運，丁卯、戊辰、己巳、庚午、辛未……，大方向是越來越熱的運勢，會補到火土。起運丁卯，火偏弱，對己丑的幫助不大，但還是不夠旺。戊辰與己巳運，條件不錯的旺土，但要注意劫財的問題。庚午運，雖是相當熱的地支，但天干出庚，甲庚沖，會有弊病。

若是此命盤為女命，則走逆運，乙丑、甲子、癸亥、壬戌、辛酉……，是屬於秋冬運，整體並不是理想的運勢。乙丑與甲子運，相當弱的木，但木剋土現象還是會讓己丑更無力。癸亥與壬戌運，土剋水，但水非常旺盛，反而造成水氾濫，是不理想的運勢。辛酉運，土生金且金剋木，辛酉會讓時柱甲子更弱，要注意各方面的狀況。

2．卯月生（農曆二月份）

年、癸酉
月、乙卯
日、己巳
時、己巳

此八字己巳日，生於乙卯月，年柱是癸酉，時柱是己巳。四柱全陰。整體地支環境屬於中間，最高溫的地支是兩個巳，最低溫是卯酉。對己土來說，這樣的搭配還算理想，但若能逢遇增溫的搭配，則更能發揮己土的功能及作用。

若是此命盤為男命，則走逆運，甲寅、癸丑、壬子、辛亥、庚戌……，是屬於冬秋運，整體其實是相當濕冷的搭配。起運甲寅，是相當旺的甲木，水生木且木剋土，年柱的癸酉是條件不錯的水，加上甲寅，會讓己巳有展現。癸丑與壬子運，水非常濕冷旺盛，對己巳來說，會是比較辛苦費力的運勢。庚戌運，金相當旺，土生金現象，時柱是不錯的比肩。

若是此命盤為女命，則走順運、夏秋運，丙辰、丁巳、戊午、己未、庚申……，是屬於相當炎熱的運勢，前四個運勢都是火土旺的搭配，尤其是戊午與己未運，就要注意缺水及劫財的問題。庚申運，現象是土生金，金相當旺，要注意流年木或水弱的狀況。

3．辰月生（農曆三月份）

年、壬子
月、甲辰
日、己卯
時、壬申

此八字己卯日，生於甲辰月，年柱是壬子，時柱是壬申。整體地支環境屬於稍冷，最高溫的地支是申，最低溫是子，加上卯與辰。對己卯來說，這樣的搭配，其實會顯得己土較弱，月柱甲辰現象是木剋土，加上年柱與時柱都是相當旺的壬水搭配，而且己卯本來就屬弱，就會讓己卯更弱更無力。需要旺盛的火土來幫身，才能有理想的作用。

若是此命盤為男命，則走順運、夏秋運，乙巳、丙午、丁未、戊申、己酉……，前四個運勢是屬於炎熱的搭配，大方向對己土來說是理想的運勢，不管是要育木或是蓄水都會是不錯的組合。己酉運，是屬弱的己土，無法讓己卯旺，幫助不大，要注意劫財的問題。

若是此命盤為女命，則走逆運，癸卯、壬寅、辛丑、庚子、己亥……，是屬於春冬運，相當低溫濕冷的搭配，對此命盤來說，並不太理想。癸卯與壬寅運，土剋水現象，但因為年柱是更旺盛的水，所以有種雪上加霜的感覺。辛丑與庚子運，非常旺盛低溫的金，會讓月柱的甲辰被剋不理想，要注意各方面的不穩定。己亥運，降低了大環境的溫度，己土太弱無法剋旺水，要注意劫財的問題。

4．巳月生（農曆四月份）

年、乙巳

月、辛巳

日、己巳

時、辛未

此八字己巳日，生於辛巳月，年柱是乙巳，時柱是辛未。整體地支環境屬於炎熱，最高溫的地支是未，加上三個巳。對己土來說，這樣的搭配雖然較熱，但整體還算理想，會讓己土有力量會較有作用，尤其是若要蓄水，則土的旺度要夠才行。但也要注意過熱缺水的問題，過與不及都現會有弊病。

若是此命盤為男命，則走逆運、春冬運，庚辰、己卯、戊寅、丁丑、丙子……，是屬於春冬運，屬於越來越冷的走勢，庚辰運，現象是土生金但金剋木，且與年柱乙庚合，會讓乙木不穩定。己卯與戊寅運，屬於春土，整體育木作用理想，是不錯的運勢搭配。丁丑與丙子運，火生土現象，但冬火過弱只會降低溫度，效果不理想，不過此命盤本身就過熱，所以影響不大。

若是此命盤為女命，則走順運、夏秋運，壬午、癸未、甲申、乙酉、丙戌……，是屬於相當熱的運勢，整體來說會比較勞碌些。壬午與癸未運，是水相當弱的搭配，土剋水現象，會讓水更缺乏。甲申與乙酉運，現象是木剋土，要育木會比較缺水，整體會比較有壓力。丙戌運，火生土且與時柱丙辛合，要注意金不穩定的現象。

5．午月生（農曆五月份）

年、己丑

月、庚午

日、己巳

時、乙亥

此八字己巳日，生於庚午月，年柱是己丑，時柱是乙亥。整體搭配溫度屬於中間，兩個夏支巳午，加上兩個冬支亥丑，對己土來說，這樣的搭配冷熱溫差大，也會造成大環境的不穩定。但己巳土不弱，要蓄水會有不錯的作用。

若是此命盤為男命，則走逆運、春冬運，己巳、戊辰、丁卯、丙寅、乙丑……，整體是越來越低溫的走勢。己巳與戊辰運，是條件不錯的土搭配，但要注意金水弱的問題。丁卯與丙寅運，屬於弱的火運，火生土現象，整體還算穩定。乙丑運，是相當弱的冬木，加上時柱乙亥，拱了子，會讓己巳變得非常濕冷且弱，所以並不是理想的官殺。

若是此命盤為女命，則走順運，辛未、壬申、癸酉、甲戌、乙亥……，是屬於秋冬運，越來越冷的走勢。辛未運，弱金，但地支非常熱，整體會提升年柱的溫度。壬申與癸酉運，是相當旺盛活潑的水搭配，因為有月支午的熱度，能讓己巳日主有力量剋水，是相當理想的運勢。甲戌與乙亥運，木剋土現象，要注意官殺的不穩定。

6．未月生（農曆六月份）

年、壬寅

月、丁未

日、己卯

時、乙亥

此八字己卯日，生於丁未月，年柱是壬寅，時柱是乙亥。整體地支溫度屬於中間，最高溫的地支是未，最低溫是亥，加上寅卯。對己土來說，這樣的搭配還算能適應，但年、月柱的天干丁壬合木，年支寅屬甲木旺，然後地支亥卯未也合木，其實是乙透甲藏，是官殺相當旺的格局。若要遇木，則不宜缺水，但也不宜過冷。

若是此命盤為男命，則走順運，戊申、己酉、庚戌、辛亥、壬子……，是屬於秋冬運，因為氣候越來越濕冷，對己卯來說，會是比較大的負擔。戊申與己酉運，秋土，與年柱土剋水，要注意比劫的影響。庚戌與辛亥運，金相當旺盛，土生金現象，食傷過旺起伏相當大。壬子運，土剋水，且水過旺濕冷，土無力則水氾濫，也影響乙亥。

若是此命盤為女命，則走逆運、夏春運，丙午、乙巳、甲辰、癸卯、壬寅……，是越來越冷的走勢。起運丙午，火旺能與年柱水火濟濟，整體還不錯。乙巳與甲辰運，是條件不錯的木搭配，雖是官殺有壓力，但會有展現。癸卯與壬寅運，土剋水且水生木，對乙亥來說，是不錯的印，但對己卯來說，會感覺更弱些，有些缺火。

7・申月生（農曆七月份）

年、己巳

月、壬申

日、己卯

時、戊辰

此八字己卯日，生於壬申月，年柱是己巳，時柱是戊辰。整體地支環境屬於偏熱，有兩個高溫巳申，及兩個春支卯辰。天干搭配除了月柱壬申屬水，其他都是土搭配。對己土來說，若是要蓄水，則需要再旺一些，增加溫度，才能有效的作用。

若是此命盤為男命，則走逆運，辛未、庚午、己巳、戊辰，丁卯……，是屬於春夏運，前三個是夏運，且是相當熱的搭配。辛未與庚午運，相當弱的金，還好年、月支巳申刑，會讓金稍旺，整體還算理想。己巳與戊辰運，土剋水現象，壬申水屬旺，不致缺乏。丁卯運，火生土，運勢普通。

若是此命盤為女命，則走順運、秋冬運，癸酉、甲戌、乙亥、丙子、丁丑……，是屬於越來越冷的走勢，對己土來說，並不是理想的運勢搭配。起運癸酉，水屬旺，整體還算理想，但要注意劫財問題。甲戌與乙亥運，木弱的搭配，但己卯本身也弱，所以對官殺會比較無力。丙子與丁丑運，火相當弱，中看不中用的溫度，整體幫助不大。

8．酉月生（農曆八月份）

年、乙亥
月、乙酉
日、己卯
時、庚午

此八字己卯日，生於乙酉月，年柱是乙亥，時柱是庚午。整體地支環境溫度屬於中間，四季各有一支，能相互平衡，但依年限來看，從年柱開始是冬支亥，月支秋酉，日支春卯，時支夏午，是越來越熱的走勢，所以基本上在三十歲之前都會是比較冷的環境。若要己土有理想的作用，還是需要有夠旺的火土才行。

若是此命盤為男命，則走逆運、夏春運，甲申、癸未、壬午、辛巳、庚辰……，是屬於偏熱的運勢搭配，對己土來說，春夏運基本上是屬理想，但起運甲申木旺，木剋土，加上年、月柱都是木，官殺相當旺，整體壓力大。癸未與壬午運，水相當弱，雖然地支夠熱，但有缺水的問題。辛巳與庚辰運，土生金現象，是條件不錯的食傷，但要注意木出天干的流年，會有金剋木現象。

若是此命盤為女命，則走順運，丙戌、丁亥、戊子、己丑、庚寅……，是屬於秋冬運，整體環境相當冷，會讓己土更弱，所以並不是太理想。丙戌與丁亥運，火生土，但火屬弱，幫助並不大。戊子與己丑運，相當濕冷的土，整體並不是理想的搭配，無法好好有作用，要注意比劫的影響。庚寅運，金屬弱，且一月如臘月氣候稍寒，加上時柱庚午，金會比較不穩定。

9．戌月生（農曆九月份）

年、庚寅
月、丙戌
日、己丑
時、乙亥

此八字己丑日，生於丙戌月，年柱是庚寅，時柱是乙亥。整體地支環境屬於寒冷，兩個冬支亥丑，加上寅戌，對己土來說，這樣的搭配相當弱，所以需要補火土，尤其是年限三十歲之後，才能平衡過冷的影響。太弱的己土，既無法育木也無法蓄水，會相當無力。

若是此命盤為男命，則走順運、冬春運，丁亥、戊子、己丑、庚寅、辛卯……，前三個運勢走冬運，是較弱的火土搭配，大環境溫度不升反降，己土會比較辛苦，要注意人際的影響。庚寅與辛卯運，土生金現象，但金剋木也會讓時柱乙亥不穩定，要注意工作或理財方面的問題。

若是此命盤為女命，則走逆運，乙酉、甲申、癸未、壬午、辛巳……，是屬於秋夏運，大方向是越來越熱的走勢。乙酉與甲申運，木剋土現象，甲申相當旺盛，且甲己合土，對己卯來說，壓力相當大。癸未與壬午運，水屬弱，土剋水，水不穩定，要注意工作財運方面的狀況。辛巳運，土生金，但也剋時柱乙亥，要注意食傷方面的問題。

10．亥月生（農曆十月份）

年、戊辰
月、癸亥
日、己卯
時、甲子

此八字己卯日，生於癸亥月，年柱是戊辰，時柱是甲子。整體地支環境溫度偏冷，最高溫的地支辰，及兩個冬支亥子，加上卯。對己卯來說，是相當弱的搭配，也相當缺火土。戊辰雖然是春土，但其實很能穩定大環境，是此命盤相當重要的一組搭配。最理想的運勢會是火土旺，能助己土旺的組合。

若是此命盤為男命，則走順運、冬春運，甲子、乙丑、丙寅、丁卯、戊辰……，是屬於越來越熱的搭配。甲子與乙丑運，冬木，木剋土，年柱戊辰是不錯條件的劫財，但要注意月柱癸亥水旺又低溫，會讓木與土都不穩定。丙寅與丁卯運，春火屬弱，無法好好火生土，反而被癸亥水剋火，變成不理想的火。戊辰運，是不錯的土搭配，能幫助己卯育木與蓄水，但還是需要更多的火土。

若是此命盤為女命，則走逆運，壬戌、辛酉、庚申、己未、戊午……，是屬於秋夏運，前面三個運勢屬於秋運，天干是金跟水，基本上對整個命盤來說金水會過旺。己未與戊午運，是非常旺盛的燥土，能讓己卯有力量，但要注意劫財或爭財的問題。

11・子月生（農曆十一月份）

年、甲午
月、丙子
日、己未
時、戊辰

此八字己未日，生於丙子月，年柱是甲午，時柱是戊辰。整體地支環境溫度偏熱，最高溫的地支午未，及一個冬支子，加上辰。對己土來說，雖然看起來地支組合偏熱，但從年限來看，年柱甲午對己未來說，木剋土，是很旺的官殺，加上月柱丙子太冷，會讓己土較無力，所以在三十歲之前己未會較弱。三十一歲之後反而會變旺很多，也會比較有作用。

若是此命盤為男命，則走順運、冬春運，丁丑、戊寅、己卯、庚辰、辛巳……，是屬於越來越熱的搭配。起運丁丑，非常弱的丁火，會讓己未變弱，也顯得官殺更旺，並不理想。戊寅與己卯運，春土搭配，能育木，但月柱丙子火太弱，會讓效果不佳。庚辰與辛巳運，土生金現象，整體屬於普通，時柱戊辰是相當不錯的搭配，能穩定大環境。

若是此命盤為女命，則走逆運，乙亥、甲戌、癸酉、壬申、辛未……，是屬於秋夏運。乙亥與甲戌運，木剋土現象，加上年柱甲午，官殺過旺，己未壓力相當大，但相對也會有不錯的展現。癸酉與壬申運，因為月助丙子火太弱，會讓己未也變弱，要剋水會比較費力，但整體財運不錯。辛未運，金太弱，土生金現象，要注意忙碌不得閒。

12・丑月生（農曆十二月份）

年、己丑
月、丁丑
日、己巳
時、丁卯

此八字己巳日，生於丁丑月，年柱是己丑，時柱是丁卯。整體地支環境屬於偏冷，有兩個最低溫的丑及巳卯。對己土來說，生於丑月基本上是過冷，加上年柱己丑還是非常的嚴寒，整體就很需要補到火土。不宜逢遇到過旺的木，或是過多的金水搭配，否則會無法平衡。

若是此命盤為男命，則走逆運、冬秋運，丙子、乙亥、甲戌、癸酉、壬申……，整體並無法實質的幫助到此命盤，沒有增加火土。起運丙子，火生土，但火相當弱效果不佳。乙亥與甲戌運，雖然木不旺，但木剋土且甲己合土，會讓己日主壓力相當大，要注意各方面的不穩定。癸酉與壬申運，水屬旺，土剋水現象，因為月柱與時柱的丁火弱，會讓己巳比較費力。

若是此命盤為女命，則走順運，戊寅、己卯、庚辰、辛巳、壬午……，是屬於春夏運，整體是越來越熱的走勢。戊寅與己卯運，春土雖不旺，但整體現象只有火生土，沒有大弊病。庚辰與辛巳運，土生金現象，要注意年柱與日柱地支拱酉，金會更旺盛，食傷條件不錯。壬午運，土剋水，但水相當弱，要注意忙碌與財運不穩定現象。

4.金日主（庚、辛）

庚金日主：

庚金的調和程度，基本上偏弱是比較理想的搭配組合。整體來說，春季會是比較適合的季節，因為庚金的特質本身就屬於不穩定，金就是氣流、風，且容易在溫差大的環境中更不穩定，所以過冷或是過熱的氣候，都會引起金的變動起伏。由於庚的作用是剋木及生水，金剋木與金生水，所以也要考慮到逢遇到的搭配，是否能夠好好地起作用。若是整體環境火土過旺，則變成火剋金，會使金變得更不穩定，也會讓金的作用有些不如預期，基本上在穩定的環境中，庚金會比較少弊病。

通常庚金需要的條件，適合整體穩定平衡，並不喜歡太冷或太熱的環境，也不適合木火過旺，或金水過旺，主要在春季會是比較理想的運勢搭配。

滴天髓論庚金：

「庚金帶煞，剛健為最。得水而清，得火而銳。土潤則生，土乾則脆。能贏甲兄，輸於乙妹。」

庚金代表氣流、風，金的特性主要有金剋木，且若是秋天的氣流，則屬旺，很能剋木，剛健有力。若有水出現，則金的另一特性，也就是金生水，能讓金洩而清。而若是逢遇到火旺，則金被火剋，火煉金會讓金變犀利、不穩定。土若要生金，就需要潤土來生，燥土只會埋金，讓金變弱。庚金逢遇到甲木，直接是金剋木的沖剋，但當庚逢遇到乙木，卻會因為乙木的柔軟特質而不會直接金剋木，反而是乙庚合。

基本上對庚金的調候來說，最適合的是維持穩定，因為不管是金剋木，或是金生水，都不宜過與不及，尤其是較旺的庚金，很容易出現剋木過度的現象，就會造成較難平衡的弊病；而若是屬弱的庚金，則不喜歡遇到過多的水，否則金洩過多，就會更弱，也會造成無法平衡的問題。而若是火過旺的搭配，則火剋金較重，火過多的煉金，也會讓金更不穩定，更容易有些弊病。所以整體來說，大環境較穩定的春運會比較適合。

若單從日主判斷：

- **庚寅**：農曆一月的庚金，氣候偏冷。寅支藏天干為甲丙戊，屬木。庚寅，金剋木，木旺且金弱，需要火來煉金。庚寅屬弱金，若要剋木或是生水，都會比較費力，所以要有幫身的來源，像是潤土則可生金。但若水過多，則會讓金洩，讓金更弱。整體來說，庚寅屬弱金，宜穩定，不宜有過熱或過冷的環境。
- **庚辰**：農曆三月的庚金，氣候偏暖，火氣漸炎。辰支藏天干為乙戊癸，屬土。庚辰，三月庚金，體質屬旺，能剋木，也能生水，但不宜火旺來剋金。理想的搭配會是整體穩定，不適合過熱或過冷的環境，否則容易有弊病，若是金剋木現象明顯，就要注意易有變動。

- **庚午**：農曆五月的庚金，氣候炎熱，整體環境火炎土燥。午支藏天干為丁己，屬火土。庚午，火氣炙熱，火剋金明顯，庚午本質相當弱，更不宜有過與不及的環境。由於午月火土旺，則需要金水來平衡，若無水源，則不易平衡，金會更脆弱。理想的搭配會是穩定的環境搭配。

- **庚申**：農曆七月的庚金，氣候偏熱，庚金屬旺，大環境陽氣漸衰，氣候開始不穩定。申支藏天干為戊庚壬，屬金。庚申，金旺。可用火來煉金，也可用水來洩金，最適合用戊土來擋金，弊病會較少。但若火過旺，則會讓金變得更犀利、更活潑，容易有無法平衡的問題。理想的搭配會是中間至偏弱。

- **庚戌**：農曆九月的庚金，氣候偏冷，暮秋之氣。戌的支藏天干為丁戊辛，屬土，庚戌，地支生天干，土生金，但也易有土厚埋金現象。庚戌的本質屬旺。若有逢遇火旺，火剋金現象會過多，則需要水來平衡，理想的搭配是中間至偏弱，不宜火土過旺或是木過旺，整體環境喜歡穩定，也就是不宜讓金更旺、更活潑，弊病才會比較少。

‧**庚子**：農曆十一月的庚金，氣候寒冷，金水過多。子的支藏天干為癸，屬水。庚子，金生水。基本上過冷的庚金易脆，需要火來升溫，才會有更好的作用，不管是金生或是金剋木。但也不適合過多的火旺，只會讓庚金變得更旺、更活潑、更犀利，則容易出現些弊病。理想的搭配會是偏弱，但忌木或火過旺。

單一從日主來判斷旺弱喜忌，並無法推論準確，要再加入其他三組年、月、時干支，才能較完整做判斷。

舉例來說：

1．寅月生（農曆一月份）

年、丙寅
月、庚寅
日、庚戌
時、丙戌

此八字庚戌日，生於庚寅月，年柱是丙寅，時柱是丙戌。整體地支環境屬於中間偏涼，兩個寅支，兩個戌支，而對庚金來說，並不適合過冷或是過熱，但因為天干有出現丙火，基本上火剋金現象已經存在，就要看運勢搭配，是否能讓庚金穩定，且能發揮作用。

若是此命盤為男命，則走順運、春夏運，辛卯、壬辰、癸巳、甲午、乙未……，辛卯運是弱的金，會與年柱丙辛合，而壬辰、癸巳運屬於偏弱的水，現象是金生水，整體還算理想。甲午與乙未，是非常旺盛燥熱的搭配，金剋木明顯，其實是不穩定的運勢走勢，各方面都要注意。

若是此命盤為女命，則走逆運，己丑、戊子、丁亥、丙戌、乙酉……，是屬於冬秋運，溫度較低，己丑與戊子運，天干屬土，土生金，整體還算穩定，丁亥及丙戌運，火出天干，且火偏弱，火剋金會讓火更不穩定，要注意到各方面的起伏。乙酉運則是金剋木，是屬於不太理想的搭配。

2．卯月生（農曆二月份）

年、乙亥

月、己卯

日、庚辰

時、丁丑

此八字庚辰日，生於己卯月，年柱是乙亥，時柱是丁丑。整體地支環境屬於偏冷，兩個春支卯辰，兩個冬支亥丑，對庚金來說，不宜再補金水，也不可有過多的火土，適合穩定的運勢搭配。

若是此命盤為男命，則走逆運、秋冬運，戊寅、丁丑、丙子、乙亥、甲戌……，起運的戊寅運，整體屬於理想穩定。丁丑與丙子運，火相當弱，基本上對庚辰來說火剋金現象，其實並不實質，所以問題不大，但要注意火旺的流年影響。乙亥與甲戌運，金剋木現象明顯，要注意工作、財運方面的變動，甚至是劫財問題。

若是此命盤為女命，則走順運，庚辰、辛巳、壬午、癸未、甲申……，是屬於春夏運，大方向運勢越來越熱，就要注意到火煉金的狀況。庚辰與辛巳運，比劫運勢要注意人際帶來的影響，可好可壞。壬午與癸未運，現象是金生水，且是相當熱的運勢搭配，基本上是還不錯的組合，但容易忙碌奔波。甲申運則要注意金剋木現象，財運方面都容易有起伏。

3．辰月生（農曆三月份）

年、癸卯

月、丙辰

日、庚申

時、辛巳

此八字庚申日，生於丙辰月，年柱是癸卯，時柱是辛巳。整體地支環境屬於中間偏熱，最高溫的地支是申，最低溫是卯，加上辰與巳，對庚金來說，這樣的搭配還算理想，既不太冷，也不過熱。不過因為年柱癸水，會與月柱的丙火有水剋火現象，加上也會有火剋金現象，就需要注意金不穩定的問題。

若是此命盤為男命，則走逆運，乙卯、甲寅、癸丑、壬子、辛亥……，是屬於春冬運，是越來越濕冷的走勢，除了乙卯與甲寅運，整個大環境是屬於金水過旺，且金生水現象明顯，而過於低溫的水，也是容易有弊病的食傷組合，要注意缺火土的問題，像是投資理財，或是健康方面的狀況。

若是此命盤為女命，則走順運、夏秋運，丁巳、戊午、己未、庚申、辛酉……，前三個運勢屬於相當燥熱的火土運，丁巳會有水剋火加上火剋金現象，會讓庚申感覺到壓力。戊午與己未運，因為土過於燥熱，並無法土生金，反而會是厚土埋金現象，也會讓庚金有壓力，且又缺水。庚申與辛酉運，是相當旺盛的金，會讓大環境的金更不穩定，要注意比劫的影響，也就是人際方面的狀況。

4．巳月生（農曆四月份）

年、甲申

月、己巳

日、庚午

時、戊寅

此八字庚午日，生於己巳月，年柱是甲申，時柱是戊寅。整體地支環境屬於偏熱，最高溫的地支是午，最低溫是寅，加上巳跟申，對庚金來說，這樣的搭配有些過熱，天干甲己合且金剋木，庚午明顯不太穩定且會更弱，但在喜神方面，就需要逢遇環境較穩定的運勢搭配，基本上春運會是比較理想的運勢。

若是此命盤為男命，則走順運、夏秋運，庚午、辛未、壬申、癸酉、甲戌……，前兩個運是庚午與辛未，整體溫度過熱，明顯會讓日主庚午不穩定，且會有劫財的問題。壬申與癸酉運，屬水旺，金生水現象會讓庚午更弱，但對庚午來說，還算可接受，要注意食傷的影響。甲戌運雖是金剋木，但有時柱戊寅的作用，整體狀況屬於理想。

若是此命盤為女命，則走逆運，戊辰、丁卯、丙寅、乙丑、甲子……，是屬於春冬運，前三個運勢春運戊辰、丁卯與丙寅，大方向還算理想，但要注意火剋金現象的影響，像是工作以及婚姻方面的變動。乙丑與甲子運，金剋木現象明顯，財運方面容易不穩定，也要注意健康方面的狀況。

5．午月生（農曆五月份）

年、己未

月、庚午

日、庚戌
時、壬午
此八字庚戌日，生於庚午月，年柱是己未，時柱是壬午。整體地支環境屬於炎熱，最高溫的地支是未加上兩個午，最低溫是戌，對庚金來說，這樣的搭配相當的燥熱，且是地支很實質的高溫，會讓庚戌官殺相當旺，就不宜再增加火土，所以在喜神方面，需有能平衡溫度的搭配，才不會造成有損傷的弊病。

若是此命盤為男命，則走逆運、夏春運，己巳、戊辰、丁卯、丙寅……，起運己巳夏運，與年、月柱地支巳午未合火，戊辰運整體條件理想，能穩定大環境。丁卯與丙寅運，天干丙丁火，雖然有火剋金現象，但因為火屬弱，對庚戌來說，整體還算理想。之後的冬運就要注意金水旺盛所帶來的問題。

若是此命盤為女命，則走順運，辛未、壬申、癸酉、甲戌……，是屬於夏秋運，起運辛未是相當弱的金金，且相當高溫，會連帶影響到庚戌，造成壓力。壬申與癸酉運是相當旺盛的水，明顯是金生水現象，基本上若沒有出現弱的丙丁火，則屬於理想。甲戌則要注意金剋木的問題。

6．未月生（農曆六月份）

年、丙午
月、乙未
日、庚寅
時、壬午

此八字庚寅日，生於乙未月，年柱是丙午，時柱是壬午。整體地支環境屬於偏熱，最高溫的地支是未及兩個午，最低溫是寅，對庚金來說，這樣的搭配過於高溫，對於本身就屬於較弱的庚寅，其實壓力過大，尤其是年柱丙火出天干，官殺較重。比較理想的運勢，會是平衡穩定的環境跟溫度，春運最宜。

若是此命盤為男命，則走順運，丙申、丁酉、戊戌、己亥、庚子……，是屬於秋冬運，丙申與丁酉運，主要是火剋金現象，對庚寅來說，加上年柱的丙午，整體官殺過旺，壓力過大。戊戌、己亥運是不錯的搭配，溫度不高，且戊戌能穩定大環境。庚子運勢相當旺的金，則要注意比劫的問題，但時柱搭配得不錯，能金生水洩金旺。不過要注意流年出現甲乙木，變動就易明顯。

若是此命盤為女命，則走逆運、夏春運，甲午、癸巳、壬辰、辛卯、庚寅……，起運甲午運勢相當旺盛且燥熱的甲木，對庚寅來說，現象是財旺身弱，且官殺過旺。癸巳與壬辰運，大環境相對理想許多，整體金生水明顯，食傷的條件不錯，會是忙碌但有展現的搭配。辛卯與庚寅運，春運天干庚辛金，要注意比劫的影響，以及人際的狀況。

7．申月生（農曆七月份）

年、辛酉

月、丙申

日、庚子

時、丙戌

此八字庚子日，生於丙申月，年柱是辛酉，時柱是丙戌。整體地支環境屬於偏涼，最高溫的地支是申，最低溫是子，加上秋支酉戌，且申酉戌都有，對庚金來說，這樣的搭配屬於金旺盛，所以要注意運勢走勢，是否能平衡穩定，不宜出現過於炎熱的搭配，容易有不預期的狀況。

若是此命盤為男命，則走逆運，乙未、甲午、癸巳、壬辰、辛卯……，是屬於夏春運，乙未與甲午運，是相當熱且旺盛的木，金剋木現象明顯，要注意比劫的影響以及家運的變動。癸巳與壬辰運，金生水現象，基本上不至於金水過旺，是屬於理想的運勢搭配，但要注意水剋火的問題，食傷剋官，各方面易有些起伏變化。辛卯運，丙辛合，要注意人際的影響。

若是此命盤為女命，則走順運、秋冬運，丁酉、戊戌、己亥、庚子、辛丑……，是屬於越來越冷的搭配，丁酉運的火會是不穩定的丁火，而戊戌與己亥運，則穩定理想許多，但整體環境更顯降溫，庚子的活力會較弱。庚子與辛丑運，是相當冷的冬金，除了要注意比劫的影響，還要注意缺火及火不穩定的問題。

8·酉月生（農曆八月份）

年、戊申

月、辛酉

日、庚申

時、辛巳

此八字庚申日，生於辛酉月，年柱是戊申，時柱是辛巳。整體地支環境屬於偏熱，最高溫的地支是兩個申，最低溫是酉，加上巳。對庚金來說，這樣的搭配金過旺，天干出三個金，地支也是秋支居多。主要金較旺盛，要注意會有金剋木的問題，以及不宜逢遇火旺的搭配，容易不穩定或有不預期的狀況。金旺盛也要小心比劫的影響，適合逢遇能穩定環境的運勢。

若是此命盤為男命，則走順運，壬戌、癸亥、甲子、乙丑、丙寅……，是屬於秋冬運，壬戌與癸亥運相當濕冷，現象是金生水，金水相當旺盛，年柱的戊申能穩定金水過盛，是理想的搭配。甲子與乙丑運，是較弱的木，金剋木現象明顯，要注意劫財的問題，且各方面都要注意不預期的變動。丙寅運，雖然是火剋金，火弱不穩定，也會是不平衡的元素。

若是此命盤為女命，則走逆運、夏春運，庚申、己未、戊午、丁巳、丙辰……，是屬於相當炎熱的搭配，尤其是丁巳與丙辰運，整體環境過於缺水，金會更不穩定，而己未與戊午運，因為過熱並無法土生金，反而會變成厚土埋金現象。會感覺缺少貴人，且忙碌不得閒。

9．戌月生（農曆九月份）

年、庚申

月、丙戌
日、庚戌
時、壬午

此八字庚戌日，生於丙戌月，年柱是庚申，時柱是壬午。整體地支環境溫度屬於中間，但整體搭配金相當旺盛，三個秋支申戌戌，加上午。天干丙會讓庚更活潑，要注意金旺的影響，而最理想的運勢搭配會是穩定的搭配，不宜過旺的火及木搭配，弊病會比較多。

若是此命盤為男命，則走順運、冬春運，丁亥、戊子、己丑、庚寅、辛卯……，是屬於較冷的搭配，基本上戊子與己丑運還不錯，能穩定金過旺、過於活潑的現象，是不錯的印，即貴人運好。庚寅與辛卯運，屬於弱的金搭配，對此命盤不會有太大影響，整體屬於理想。

若是此命盤為女命，則走逆運，乙酉、甲申、癸未、壬午，辛巳……，是屬於秋夏運，大方向是越來越熱的走勢，前兩個運乙酉與甲申，明顯是金剋木現象，且因為年柱的庚申金旺，也會讓劫財比較重。而癸未與壬午運，是屬於金生水現象，且是夏季炎熱的搭配，整體會是活潑忙碌的金水，食傷方面的不穩定也要注意。辛巳運基本上還算理想，人際方面也會有些變動。

10．亥月生（農曆十月份）

年、癸未

月、癸亥

日、庚午

時、戊寅

此八字庚午日，生於癸亥月，年柱是癸未，時柱是戊寅。整體地支環境屬於中間，最高溫的地支是未，最低溫是亥，加上寅午，而庚午本身是弱的金，對於年、月柱天干都是癸水，金生水現象明顯，庚午顯得更弱些。基本上，較理想的運勢搭配，會是能助庚午旺些，且不宜再火土木旺，或是金水過旺的搭配。

若是此命盤為男命，則走逆運，壬戌、辛酉、庚申、己未，戊午……，是屬於秋夏運，前三個運勢是秋運，天干出金水，整體現象是較旺的金，且金生水現象明顯，基本上能助庚午旺盛，但也要注意到比劫的影響，尤其是流年若是甲乙木天干，則會比較有變動。己未與戊午運，土過於燥熱，屬於厚土埋金，也明顯缺水，會感覺官殺旺、壓力大。

若是此命盤為女命，則走順運、冬春運，甲子、乙丑、丙寅、丁卯、戊辰……，前面兩個運勢甲子與乙丑運，木相當弱，庚午除了金生水，還要金剋木，則顯得更弱，容易有分身乏術與無力感。丙寅與丁卯運，火偏弱，水剋火也會讓火更不穩定，官殺方面的變動就要多注意。戊辰運整體屬理想穩定。

11．子月生（農曆十一月份）

年、甲子

月、丙子
日、庚申
時、庚辰

此八字庚申日，生於丙子月，年柱是甲子，時柱是庚辰。整體地支環境屬於偏冷，最高溫的地支是申，最低溫是兩個子，對庚申來說，地支申子辰合水，相當濕冷，且月柱的丙火會更弱，基本上適合逢遇能平衡溫度的搭配。並不適合出現金水旺的搭配，春夏運會是較可行的運勢。

若是此命盤為男命，則走順運，丁丑、戊寅、己卯、庚辰、辛巳……，是屬於春夏運，整體來說是理想的走勢，但丁丑的冬火過弱，要注意小的健康狀況。戊寅基本上是理想搭配，但有些美中不足是戊土有些弱。己卯則是不穩定的運勢，因為己土相當弱，對大環境沒太大幫助。庚辰與辛巳運，金相當旺盛，加上時柱庚辰，整體金過旺，要注意比劫方面的變動及影響。

若是此命盤為女命，則走逆運、冬秋及夏運，乙亥、甲戌、癸酉、壬申、辛未……，前兩個運乙亥與甲戌運，是相當弱的木搭配，出現金剋木現象，加上年柱的甲子，則要注意有些不預期的狀況。癸酉與壬申運，基本上是還不錯的搭配，金生水明顯，但要注意月柱丙火不穩定，以及流年火土弱搭配。辛未則是較熱的組合，比劫的影響會相當明顯。

12．丑月生（農曆十二月份）

年、癸丑

月、乙丑

日、庚辰

時、戊寅

此八字庚辰日，生於乙丑月，年柱是癸丑，時柱是戊寅。整體地支環境相當冷，最高溫的地支是辰，最低溫是兩個丑，加上寅。對庚辰來說，年、月柱過於濕冷，也會讓月柱乙丑木更弱。所以要平衡大環境，就需要增加火土熱度，庚金才能有作用。

若是此命盤為男命，則走逆運、冬秋運，甲子、癸亥、壬戌、辛酉、庚申……，起運的甲子運，是較弱的甲木，加上年柱的癸丑，木更濕冷，而庚辰的金剋木現象，也會讓金不穩定。癸亥與壬戌運，水旺盛，明顯是金生水現象，對於整體環境並沒有平衡溫度，要注意食傷不穩定的問題。辛酉與庚申運，屬於相當旺盛的金，要注意比劫的影響，不過時柱戊寅是理想的搭配，能夠穩定金水過旺的狀況，也是不錯的印。

若是此命盤為女命，則走順運，丙寅、丁卯、戊辰、己巳、庚午……，是屬於春夏運，整體來說是理想的搭配，但前兩個運丙寅與丁卯，火相當弱，也會因為年柱的水旺，讓火更弱。戊辰與己巳運，是相當理想的搭配，相對弊病最少，也會比較穩定。庚午運則要注意比劫人際方面的狀況，因為地支的熱度會讓金不穩定，但因為時柱戊寅穩定性夠，整體還算理想。

辛金日主：

辛金的調和條件，基本上需要穩定的環境，若從零到一百來說，大概是落在25到45之間，也就是不宜太過冷或過熱的搭配。因為辛金代表小氣流、風、霧，是屬於比較無形的屬性，但可以用觀察以及身體感覺，以及用四季循環來做判斷。通常在夏季屬火旺，氣候炎熱，火剋金，弱的辛金則會更弱；而若是秋天則整體氣候不穩定，金旺，辛金就會變得比較旺盛，但也容易有弊病。但如果冬季則太過濕冷，金生水，也會讓辛金很不穩定，整體就不太平衡。

所以辛金需要的條件，喜歡環境平衡穩定，最理想的搭配會是春季，弊病也會比較少。木、火、土、金、水，都不宜過與不及，才會是最理想的狀態。

滴天髓論辛金：

「辛金軟弱，溫潤而清。畏土之疊，樂水之盈。能扶社稷，能救生靈。熱則喜母，寒則喜丁。」

辛金屬於規模較小的氣流，相對於較旺的氣流庚金，辛金比較柔弱些，但並不影響本質的韌性，辛金整體氣質相當好，質感清秀、內斂。不過辛金不喜厚土埋金，但若有些水出現，則會讓辛金生水，產生作用，因為水能育木，萬物都需要有水生存。如果逢遇到火旺，則要用土來相生，避免過度火剋金；而若是過於濕冷，則需要火來平衡溫度。

基本上對辛金的調候來說，主要喜歡維持穩定的環境與穩定的狀態，因為辛金的屬性是氣流，本身就是不穩定的特質，所以要注意整體的相生相剋循環，才不會有無法平衡的弊病，像是不宜火過旺，或是水過旺，也不宜木過旺或是土過旺。

若單從日主判斷：

- **辛卯**：農曆二月的辛金，氣候微涼，陽氣漸生。卯支藏天干為乙，屬木。辛卯，金剋木，天干剋地支。若逢遇土旺，則要有木來制土；但若搭配到水過旺，就需有一定的土來剋水，才能平衡。辛金理想的搭配，要維持穩定的環境，中間偏弱會比較適合。

• **辛巳**：農曆四月的辛金，氣候炎熱，火炎土旺。巳的支藏天干為戊丙庚，屬火。辛巳，火剋金，辛金變得更不穩定，所以忌火更旺讓金更弱。喜金水，但也不宜土過旺。四月辛金，本質較弱，則不宜再有火炎土燥，但喜歡有金水來幫身。整體大方向則喜歡穩定的環境。

• **辛未**：農曆六月的辛金，氣候燥熱，整體環境火炎土燥。未支藏天干為乙己丁，屬土。辛未，土過旺，金更弱。需要金水來平衡，但不宜再有火土出現，也就是不宜再讓火剋金現象更多，因為辛未本身已經相當弱，就不要再更多壓力。也不宜木多，會讓辛金更不穩定。

• **辛酉**：農曆八月的辛金，氣候稍冷，氣流旺盛。酉支藏天干為辛，屬金。辛酉，土生金。三秋辛金，寒氣漸升，內實外虛，需火溫之。因為秋季金旺，土氣洩弱，若搭配有水，則易金水過旺，顯得辛金更弱。秋季辛金首要火來助益。也不宜木過旺、官殺過多。

• **辛亥**：農曆十月的辛金，氣候濕冷，氣流不穩定。亥的支藏天干是壬甲，辛亥，金生水，且金水都屬旺，冬金氣流旺盛。冬月辛金，需要增加溫度，所以需要火來平衡，但又不宜過多的火，否則還要水來剋火。總之，不宜逢遇過熱的搭配組合，才不會太不穩定。

• **辛丑**：農曆十二月的辛金，氣候嚴寒，溫度相當低。丑支藏天干為辛己癸，屬土。辛丑，冬季末的氣流，過於濕冷，很需要火來調和大環境，且要有實質有力的火，但也需要有些水來平衡。整體來說，不宜木火過旺，否則易有些弊病。

單一從日主來判斷旺弱喜忌，並無法推論準確，要再加入其他三組年、月、時干支，才能較完整做判斷。

舉例來說：

1．寅月生（農曆一月份）

年、丙辰

月、庚寅

日、辛酉

時、己丑

此八字辛酉日，生於庚寅月，年柱是丙辰，時柱是己丑。整體地支環境屬於偏涼，最高溫的地支是辰，最低溫是丑，加上寅酉。而年柱丙辰的火，會因為其他三柱的金旺而讓火變弱不穩定，也會因為火剋金而讓金更活潑旺盛。基本上，不宜逢遇過旺的火土，也要注意逢遇甲乙木的狀況。最理想的搭配，會是春季較穩定的大環境。

若是此命盤為男命，則走順運，就會走春夏運，辛卯、壬辰、癸巳、甲午、乙未……，看來是越來越熱的運勢，辛卯、壬辰與癸巳運，整體是不錯的運勢搭配，現象是金生水，且是條件不錯的水，但要注意對年柱丙火的影響。而甲午運則是過旺的甲木搭配，現象是金剋木，但又跟時柱甲己合，在各方面都容易出現不穩定，都要小心注意。

若是此命盤為女命，則走逆運，己丑、戊子、丁亥、丙戌、乙酉……，是屬於秋冬運，整體是較低溫的運勢，前兩個運己丑與戊子，是冬土，對此命盤來要注意缺火的現象。丁亥與丙戌運，則要注意火剋金，但火卻更不穩定現象。乙酉運是相當弱的乙木，加上己丑時更低溫，讓乙木更不理想，要注意工作財運及健康方面的問題。

2・卯月生（農曆二月份）

年、辛卯
月、辛卯

日、辛卯
時、戊子
此八字辛卯日，生於辛卯月，年柱是辛卯，時柱是戊子。整體地支環境屬於偏冷，有三個卯支，及一個冬支子，對辛卯來說，這樣的搭配屬於理想，不是過熱，也不會過冷。最理想的逢運會是維持大環境的穩定，也不宜過旺的火土及木。由於年、月、日都是辛卯，整體比劫屬旺，則要注意人際方面的影響及問題。

若是此命盤為男命，則走逆運，庚寅、己丑、戊子、丁亥、丙戌……，是屬於冬秋運，其實是屬於較冷的運勢走勢，庚寅運還算理想，對大環境影響不大。己丑與戊子運，冬土過冷，但是有穩定環境的功能，只是要注意缺火的問題，辛金會比較無力。丁亥與丙戌運，不穩定的火搭配，現象是火剋金，雖然能增溫，但官殺的現象還是要注意，各方面的起伏變化。

若是此命盤為女命，則走順運、夏秋運，壬辰、癸巳、甲午、乙未、丙申……，是屬於相當熱的走勢，壬辰與癸巳運，金生水現象，整體還算不錯，屬於有作用的食傷。甲午與乙未運，整體木火過旺，金剋木現象，但因為財旺身弱，會讓辛卯壓力較大，也會有工作、財運方面的起伏，而丙申運勢火剋金現象，會讓辛卯不穩定。

3．辰月生（農曆三月份）

年、辛巳

月、壬辰

日、辛卯

時、庚寅

此八字辛卯日，生於壬辰月，年柱是辛巳，時柱是庚寅。整體地支環境屬於偏熱，三個春支，以及一個夏支巳，且是從年支開始逆行從巳到寅。對辛金來說，大方向還算理想，不過會因為月柱的壬辰而出現金生水現象，會讓辛卯更弱些，所以不宜再逢遇過多的金水，最理想的行運會是穩定的大環境。

若是此命盤為男命，則走逆運，辛卯、庚寅、己丑、戊子，丁亥……，是屬於春冬運，對辛卯來說，會是更低溫的運勢，辛卯與庚寅運，基本上屬於理想，但要注意比劫過多的問題。己丑與戊子運，是冬土運，雖冷但是潤土能生金，也能穩定大環境，所以是理想搭配。丁亥就要注意丁火官殺不穩定的現象。

若是此命盤為女命，則走順運、夏秋運，癸巳、甲午、乙未、丙申、丁酉……，是屬於相當熱的運勢走勢，對辛卯來說，會明顯感覺到壓力相當大，尤其是甲午、乙未，以及丙申運，不管是身弱財旺的甲午、乙未，或是官殺頗旺的丙申，建議各方面都要維持穩定，會更理想。

4·巳月生（農曆四月份）

年、甲午

月、己巳

日、辛未

時、庚寅

此八字辛未日，生於己巳月，年柱是甲午，時柱是庚寅。整體地支環境屬於炎熱，夏支巳午未，加上寅，對辛未來說，這樣的搭配過於燥熱，會感覺相當大的壓力，本來就屬弱的辛未，會更弱不穩定，尤其是年柱的甲午木旺盛，金剋木現象，財旺身弱，就不宜再逢遇到火土木旺的搭配，整體需要增加金水，才能平衡整體的過與不及。

若是此命盤為男命，則走順運、夏秋運，庚午、辛未、壬申、癸酉、甲戌……，是屬於氣候溫度較有起伏的搭配，庚午與辛未運，溫度高但金弱的組合，且與年柱金剋木，要注意爭財及比劫的問題，壬申與癸酉運，屬於水旺的搭配，現象是金生水，本身已經過弱的辛未，要再金生旺水，明顯更弱，會感覺分身乏術。甲戌運，金剋木，財出天干，會有展現但忙碌。

若是此命盤為女命，則走逆運、春冬運，戊辰、丁卯、丙寅、乙丑、甲子……，是屬於春冬運，整體氣候相對較平穩，戊辰運屬於穩定，丁卯與丙寅運，火屬弱，火剋金，火金都不穩定，要注意工作或婚姻的狀況。乙丑與甲子運，屬於冬木，整體能降溫，但天干甲乙木，則金剋木，也要注意人際及劫財的現象。

5・午月生（農曆五月份）

年、壬午
月、丙午
日、辛酉
時、戊戌

此八字辛酉日，生於丙午月，年柱是壬午，時柱是戊戌。整體搭配屬於偏熱的環境，兩個夏支午，及兩個秋支酉戌。對辛酉來說，年柱壬午與月柱丙午都是午支，官殺相當旺，而天干的壬與丙相沖，對壬午來說，水顯得更弱。在喜神方面，就需要大環境降溫，才能調整過度燥熱的狀態。不宜再逢遇到過熱的搭配，像是旺的火或木的干支。

若是此命盤為男命，則走順運，丁未、戊申、己酉、庚戌、辛亥……，是屬於秋冬運，起運是丁未運，是非常躁熱的火運，火剋金官殺過旺，且會讓年柱的壬午更弱，並不是理想的搭配。戊申與己酉運，秋土，現象是土生金，基本上，是能穩定的運勢。庚戌與辛亥運，屬於相當旺盛的金，會讓整體環境金旺盛，要注意人際方面的影響及變動。

若是此命盤為女命，則走逆運、春冬運，乙巳、甲辰、癸卯、壬寅、辛丑……，而前兩個大運乙巳與甲辰，木出天干，現象是金剋木，且會缺水的木，整體雖有展現但容易勞碌，也要注意各方面的不穩定。癸卯與壬寅運，金生水現象，是還不錯的食傷。辛丑運是冬金，整體大環境會降溫，地支巳酉合金，要注意人際的變動影響。

6．未月生（農曆六月份）

年、壬辰

月、丁未

日、辛丑

時、甲午

此八字辛丑日，生於丁未月，年柱是壬辰，時柱是甲午。整體地支環境屬於稍熱，最高溫的地支是午未，最低溫是丑，加上辰。對辛丑來說，這樣的搭配還不錯，年支與月支丁壬合，會讓官殺的力道削弱些，加上丑未沖，金會更旺盛。要注意與時柱金剋木的問題。

若是此命盤為男命，則走順運，戊申、己酉、庚戌、辛亥、壬子……，是屬於秋冬運，戊申運雖然能土生金，但旺土也會讓年柱壬辰變弱，會比較缺水。庚戌與辛亥運，金相當旺的組合，要注意人際方面的影響，金剋到時甲午，也會有爭財的問題。壬子運水過旺，明顯金生水現象，且地支子午沖，也會讓時柱甲午有些損傷。

若是此命盤為女命，則走逆運、夏春運，丙午、乙巳、甲辰、癸卯、壬寅……，起運丙午運，火非常旺，明顯火剋金現象，且壬丙相沖，整體會讓大環境不穩定，辛丑的官殺旺。乙巳與甲辰運，現象是金剋木，不過木的條件相當好，所以會有不錯的展現，但要注意缺水的問題。癸卯與壬寅運，金生水條件不錯，是屬於理想的運勢。

7．申月生（農曆七月份）

年、戊午

月、庚申

日、辛卯

時、己亥

此八字辛卯日，生於庚申月，年柱是戊午，時柱是己亥。整體地支環境屬於中間，四個地支春、夏、秋、冬都有，平均溫度會落在中間，但從年限來看，年與月柱相當炎熱，到時柱則快速降溫。對辛卯來說，容易被比劫所影響，尤其是月柱的庚申金旺，會讓大環境不穩定，要注意若逢遇到甲乙木出天干，則會有金剋木的問題。整體較理想的運勢，會是需要補些水，以及穩定的大環境。

若是此命盤為男命，則走順運、秋冬運，辛酉、壬戌、癸亥、甲子、乙丑……，是屬於濕冷的搭配，對辛卯來說，容易金水過旺，尤其是壬戌與癸亥運，過於旺的水，就要注意缺火土的問題。甲子與乙丑運，相當弱的木搭配，金剋木現象明顯，且時柱己亥的土也過弱，整體過缺火土，加上甲己合土，木與土都弱，所以各方面都容易不穩定。

若是此命盤為女命，則走逆運，己未、戊午、丁巳、丙辰，乙卯……，是屬於春夏運，己未與戊午運，是非常旺盛的土搭配，厚土埋金，整體過於缺水，辛卯則明顯感覺壓力相當大。丁巳與丙辰運，火剋金，火相當旺，金會更弱更不穩定。乙卯運，金剋木現象，因為乙卯的特質柔軟有韌性，對辛卯來說，還屬理想。

8．酉月生（農曆八月份）

年、丙戌
月、丁酉
日、辛未
時、己亥

此八字辛未日，生於丁酉月，年柱是丙戌，時柱是己亥。整體地支環境屬於偏涼，但對辛未來說，雖然年柱月柱都是秋火，不是太旺盛，但火剋金現象還是有，除了要注意官殺的壓力，還要注意火不穩定的狀況。基本上，辛未是相當弱的辛金，適合在穩定的環境中，所以大方向喜歡穩定的運勢走勢，會比較少弊病。

若是此命盤為男命，則走順運，戊戌、己亥、庚子、辛丑、壬寅……，是屬於秋冬運，整體運勢越來越濕冷，戊戌與己亥運，能降低溫度，火生土、土生金，整體來說是理想的搭配。庚子與辛丑運，是相當旺盛且低溫的金，對辛未來說，影響很大，要注意劫財或是犯小人。壬寅運，春運，金生水現象，但時柱己亥較弱，土剋水的能力不佳，要注意食傷的影響。

若是此命盤為女命，則走逆運、夏春運，丙申、乙未、甲午、癸巳、壬辰……，起運丙申，火出天干，相當高溫，加上年、月柱天干也是火，整體官殺過旺，對辛未來說壓力過大。乙未與甲午運，木旺缺水，金剋木現象，且木生火，對辛未來說，有展現但會相當費力。癸巳與壬辰運，現象是金生水，整體是條件不錯的水，但己亥較弱，無法生金及剋水，則需要補火土。

9．戌月生（農曆九月份）

年、己亥

月、甲戌

日、辛亥

時、戊戌

此八字辛亥日，生於甲戌月，年柱是己亥，時柱是戊戌。整體地支環境屬於偏冷，有兩個冬支亥，及兩個秋支戌，對辛亥來說，這樣的搭配環境需要增加溫度，且年、月干甲己合，對甲木來說，相當不理想，會造成辛亥的財不穩定，尤其是三十歲之前。運勢搭配就相當重要，需要火土來平衡整體的環境。

若是此命盤為男命，則走逆運，癸酉、壬申、辛未、庚午、己巳……，是屬於秋夏運，是越來越熱的走勢。癸酉與壬申運，屬於相當旺盛的水，現象是金生水，但年柱的己亥過弱，土剋水效果不理想，會變成是弊病。辛未與庚午運，是夏運，溫度夠高，但要注意人際方面的不穩定。己巳運，是相當旺的己土，整體是有不錯的效果。

若是此命盤為女命，則走順運、冬春運，乙亥、丙子、丁丑、戊寅、己卯……。起運乙亥，現象金剋木，整體是不穩定的運勢。丙子與丁丑運，是冬火，雖是火剋金，但火更弱，官殺不旺，運勢還算理想。戊寅與己卯運，基本上能穩定大環境，運勢還不錯。

10·亥月生（農曆十月份）

年、辛巳
月、己亥
日、辛巳
時、己亥

此八字辛巳日，生於己亥月，年柱是辛巳，時柱是己亥。整體地支環境溫度屬於中間，兩個冬支亥，與兩個夏支巳。由於是間格分配，所以溫度起伏大。對辛巳來說，是不太穩定的搭配，也會讓金變旺盛。理想的運勢是穩定的環境，不宜再逢遇到火過旺或是木旺的搭配。

若是此命盤為男命，則走逆運，戊戌、丁酉、丙申、乙未、甲午……，是屬於秋夏運，越來越熱的走勢。戊戌運，土生金，是理想的運勢搭配。丁酉與丙申運，火剋金，也因為是秋支，會讓金更旺、火更弱，加上丙辛合，官殺明顯。乙未與甲午運，現象金剋木，是相當旺的木搭配，對辛巳來說，財旺身弱，加上甲己合土，也要注意劫財問題。

若是此命盤為女命，則走順運、冬春運，庚子、辛丑、壬寅、癸卯、甲辰……，起運的庚子與辛丑運，是屬於相當冷的搭配，會讓整體環境更低溫，金也會更旺盛，要注意人際方面的影響。壬寅與癸卯運，金生水現象，食傷條件不錯，屬於理想的運勢。甲辰運，金剋木，但與時柱甲己合，會讓辛巳感覺較有壓力。

11．子月生（農曆十一月份）

年、丁亥
月、壬子
日、辛丑
時、丁酉

此八辛丑日，生於壬子月，年柱是丁亥，時柱是丁酉。整體環境屬於相當濕冷，有三個冬支亥子丑，加上秋支酉。對辛丑來說，這樣的搭配金水旺盛，但火更弱不穩定，尤其是年柱的丁亥，會因為月柱壬子的水剋火而更弱。整體需要有火土來平衡大環境，會比較沒弊病。

若是此命盤為男命，則走逆運、冬秋及夏運，辛亥、庚戌、己酉、戊申、丁未……，起運辛亥與庚戌運，是相當旺盛的金搭配，對辛丑來說，明顯會讓金更活潑旺盛，要注意比劫的影響。己酉與戊申運，己酉的土屬弱，又逢遇到月柱壬子，則無法土剋水，反被水淹沒，要注意不預期的變動。戊申運則屬穩定。丁未運，屬於火旺的搭配，現象是火剋金，會讓辛丑活潑有壓力，也會有作用。

若是此命盤為女命，則走順運，癸丑、甲寅、乙卯、丙辰、丁巳……，是屬於越來越熱的行運，起運的癸丑，是非常濕冷的癸水，明顯是金生水且水剋火現象，年柱的丁亥就更弱。甲寅與乙卯運，金剋木現象，且整體環境對木來說，過於濕冷，容易有財方面的變動。丙辰與丁巳運，火屬旺，現象是火剋金，加上時柱的丁酉，會讓辛丑官殺旺，基本上屬於可接受，有展現但忙碌。

12．丑月生（農曆十二月份）

年、壬辰
月、癸丑
日、辛丑
時、甲午

此八字辛丑日，生於癸丑月，年柱是壬辰，時柱是甲午。整體環境屬於偏冷，有最低溫的兩個丑，及午辰。對辛丑來說，因為年、月柱壬癸都是水，所以金水相當旺盛，但還好時柱的甲午是夠熱的搭配，能稍微平衡大環境。理想的運勢會是春夏運，不宜再逢遇過於濕冷的搭配。

若是此命盤為男命，則走順運，甲寅、乙卯、丙辰、丁巳、戊午……，是屬於春夏運，整體來說是理想的走勢，甲寅與乙卯運，水生木且金剋木現象，食傷生財搭配，但還需要多些火土會更理想。丙辰與丁巳運，火屬旺，現象是水剋火及火剋金，財旺且不穩定，不過整體還算理想。戊午運，厚土埋金，加上時柱的甲午，顯得缺水，忙碌不得閒。

若是此命盤為女命，則走逆運、冬秋運，壬子、辛亥、庚戌、己酉、戊申……，起運壬子，水非常濕冷旺盛，加上年柱、月柱都是水旺，更顯得食傷過多，需要有火土來平衡。辛亥與庚戌運，金旺，現象是金生水，大環境是金水過旺，要注意比劫的影響。己酉運，弱的己土，與時柱甲己合，甲己都不穩定。戊申運，能生金也能擋金，整體屬穩定。

5.水日主（壬、癸）

壬水日主：

壬水的理想調和程度，基本上會是在中間到偏弱的區間。整體來說，春、夏季會是比較適合的季節，因為壬水屬於陽水，也就是規模較大的水，像是大川、大河。而壬水的作用，主要是育木及剋火，若是要維持平衡及較佳的作用，就不宜太過旺與太過弱，舉例來說，過旺的壬水反而會讓木漂流，也會讓土潰堤。所以要讓壬水有理想的作用，水的規模需要剛剛好，尤其是要育木，調和的水量就特別重要。

通常壬水需要的環境條件，若是金水過旺的搭配，則需要火土來剋制；而若是火炎土燥的搭配，則金水就很必需。水通常是旺在秋冬，而弱在春夏，基本上，最理想的搭配組合，是要維持在中間或偏弱的條件，會最沒弊病，也相對比較沒生剋的問題，所以在春季或夏季會是比較理想的運勢搭配。

滴天髓論壬水：

「壬水通河，能泄金氣，剛中之德，周流不滯。通根透癸，沖天奔地。化則有情，從則相濟。」

壬水代表陽水、大水、大河大川之水，也是癸水的發源。壬水的作用，能育木，也能使金生水，讓氣流降雨，洩金之氣，且也屬於源源不絕之水，不會有停滯現象。若地支申子辰合又透癸，代表水相當旺盛，其勢奔騰，亦容易成患。若丁壬合木，又能木生火，則可謂有情，不息之妙。若能逢遇於夏月火旺，則水火氣勢相當，屬於水火濟濟，有助於大環境的木，也代表各方面的展現不錯。

基本上對壬水的調候來說，最適合的區間是中間至偏弱，若用數字來代表，大約是落在25至65左右，因為壬水的作用是在育木及剋火，尤其是育木方面，水生木也代表食傷為木，木是個人的展現，那就適合在春夏季的環境中，作用會最理想，也會最能讓木長得好。若要剋火，則不宜是過弱的火，也不宜是過旺的水，否則會有過與不及的弊病產生。所以整體來說，春夏運會是比較適合的搭配。

若單從日主判斷：

- **壬寅**：農曆一月的壬水，氣候偏冷。寅支藏天干為甲丙戊，屬木。壬寅，水生木，水屬旺但不氾濫，整體條件相當理想，水育木的作用很不錯。但若逢遇到火土旺，則要注意水會匱乏，就需要金水來助；而若是逢到金水旺，則需要火土來制水旺，才不會有氾濫之虞。整體來說，壬寅條件理想，但要注意各種搭配的影響。
- **壬辰**：農曆三月的壬水，氣候偏暖，水越來越弱。辰支藏天干為乙戊癸，屬土。壬辰，土剋水，戊土司權，恐有壅塞之患，水顯得容易缺乏，就要注意缺水的問題。理想的搭配會是偏弱，但也不宜太過弱，若出木，則也要有水源來助，更不適合再有過多的火土。
- **壬午**：農曆五月的壬水，氣候炎熱，整體環境火炎土燥，水相當弱。午支藏天干為丁己，屬火土。壬午，看似水剋火，但實際上卻是明顯火土剋水，壬午的水相當弱。由於午月火土旺，則需要金水來平衡，若要育木也需要更多的水源。理想的搭配會是中間至偏弱，但也不宜過弱。

- **壬申**：農曆七月的壬水，進入秋季，氣候開始不穩定，大環境陽氣漸衰。申支藏天干為戊庚壬，屬金。壬申，金生水。地支生天干，是屬於源源不絕的活水，水屬旺。對於育木或是要剋火，壬申都是不錯的搭配。但要注意若是逢遇到金水旺的搭配，則需要火土來平衡。

- **壬戌**：農曆九月的壬水，氣候偏冷，氣流不穩定。戌的支藏天干為丁戊辛，屬土，壬戌，地支剋天干，土剋水。壬戌屬旺水，且氣候屬冷，整體需要補火土，才能更有作用，尤其是要育木。也要注意若逢火弱，也會讓火更不穩定，較理想的區間是中間至偏弱，水過旺易有弊病。

- **壬子**：農曆十一月的壬水，氣候寒冷，金水過旺。子的支藏天干為癸，屬水。

王子，陽刃幫身，需要夠力的火土才能有作用。不宜再逢金水，否則容易水過多氾濫。若出現弱的木火土，就會有些無法平衡的弊病；也不宜再有過多的金水，會形成比劫爭財現象。

單一從日主來判斷旺弱喜忌，並無法推論準確，要再加入其他三組年、月、時干支，才能較完整做判斷。

舉例來說：

1．寅月生（農曆一月份）

年、丙寅

月、庚寅

日、壬寅

時、辛亥

此八字壬寅日，生於庚寅月，年柱是丙寅，時柱是辛亥。整體地支環境屬於偏冷，最高溫的地支是寅，最低溫是亥，而對壬水來說，需要增加溫度才能更有作用，所以需要先補火，再考慮其他的搭配即可。

若是此命盤為男命，則走順運、春夏運，辛卯、壬辰、癸巳、甲午……，會補到不錯的水火，大方向來看是還不錯的運勢，但要注意比劫可能的影響，以及甲午運的缺水現象，要注意過熱及缺水的問題。

若是此命盤為女命，則走逆運，己丑、戊子、丁亥、丙戌、乙酉……，是屬於秋冬運，且火土較弱，所以既沒補到火土，還出現明顯的火不穩定現象，大方向是屬於不理想的運勢走勢，要注意工作、財運及健康方面狀況，也不宜投資或創業。

2．卯月生（農曆二月份）

年、戊午
月、乙卯
日、壬子
時、庚子

此八字壬子日，生於乙卯月，年柱是戊午，時柱是庚子。整體地支環境屬於偏冷，最高溫的地支是午，最低溫是兩個子，對壬水來說，這樣的搭配還算不錯，但若可增加溫度會更有作用，不過不宜再出現金水，怕會過於濕冷。

若是此命盤為男命，則走順運、春夏運，丙辰、丁巳、戊午、己未……，天干出丙丁戊己，且地支也相當有力量，整體火土很旺盛，對此命盤來說，會是明顯土剋水現象，官殺相當旺，但春夏運其實是不錯的運勢走勢，會有不錯的展現，而時柱的庚子提供了不錯的平衡效果。

若是此命盤為女命，則走逆運，甲寅、癸丑、壬子、辛亥、庚戌……，是屬於秋冬運，大方向是相當濕冷的運勢，再加上時柱庚子，則會讓整個環境更濕冷，所以要注意缺火的問題，以及水過多的問題，當流年是比較弱的火或土搭配，則各方面都可能會有不穩定現象。

3．辰月生（農曆三月份）

年、癸巳
月、丙辰
日、壬申
時、癸卯

此八字壬申日，生於丙辰月，年柱是癸巳，時柱是癸卯。整體地支環境屬於中間，最高溫的地支是申，最低溫是卯，加上辰與巳，對壬水來說，這樣的搭配屬於偏熱至中間的調和，但也不過熱，是相當能發揮壬水的作用組合。

若是此命盤為男命，則走逆運，乙卯、甲寅、癸丑、壬子、辛亥……，是屬於春冬運，是屬於相當濕冷的搭配組合，尤其是冬運開始的金水旺盛，會讓水過旺，則易有氾濫的問題，也要注意缺火土的現象，甚至是劫財現象。

若是此命盤為女命，則走順運、夏秋運，丁巳、戊午、己未、庚申、辛酉……，前三個是屬於相當炎熱的火土運勢，整體會相當缺水，官殺旺盛，會讓整個環境變成太過燥熱，不易平衡，所以要注意火土旺及金水弱的問題。

4．巳月生（農曆四月份）

年、丙辰

月、癸巳

日、壬辰

時、壬寅

此八字壬辰日，生於癸巳月，年柱是丙辰，時柱是壬寅。整體地支環境屬於偏熱，最高溫的地支是巳，最低溫是兩個寅。對壬水來說，這樣的搭配屬於理想，但要注意比劫壬癸的影響，整體運勢也不宜火土過旺，或是金水過多，才不會變成過與不及現象。

若是此命盤為男命，則走順運、夏秋運，甲午、乙未、丙申、丁酉、戊戌……，是屬於比較熱的搭配，對弱的水日主搭配來說，容易造成更缺水現象，整個環境變成木火旺盛，所以整體運勢屬於不太穩定，要注意缺水所造成的問題，像是工作、財運或是感情婚姻，甚至是健康方面的狀況。

若是此命盤為女命，則走逆運，壬辰、辛卯、庚寅、己丑、戊子……，是屬於春冬運，大方向有補到金水運勢，但從己丑運開始，變成是走冬運，會讓整個大環境天寒地凍，水也會冰凍起來，在育木的作用上就不太理想，不過相對也會有穩定不氾濫的好處，但是要注意火弱的問題，會有身旺財弱的狀況出現。

5．午月生（農曆五月份）

年、庚午

月、壬午
日、壬寅
時、癸卯

此八字壬寅日，生於壬午月，年柱是庚午，時柱是癸卯。整體地支環境屬於炎熱，最高溫的地支是兩個午，最低溫是寅，都在春夏季節，對壬水來說，這樣的搭配是屬於燥熱的搭配，明顯缺水，所以在喜神方面，就需要補些金水，才不會變成太過弱的現象。

若是此命盤為男命，則走順運，癸未、甲申、乙酉、丙戌、丁亥……，是屬於夏秋運，因為前兩個運勢較炎熱，且還出現甲木，所以整體來說，還是缺水，是相當燥熱的環境，也會讓水生木比較費力些，也比較有壓力。而在秋運時，雖然溫度降低，不過天干出現的是丙丁火，也會顯得火更不穩定，要注意水剋火、財運不穩定的現象，甚至是各方面的影響。

若是此命盤為女命，則走逆運、春冬運，辛巳、庚辰、己卯、戊寅、丁丑……，而前兩個大運走庚辛金運，整體屬於不錯的貴人運，而戊己運也屬穩定，雖然會有土剋水的壓力感，但春運作用不錯。之後的冬運是火出天干，火顯得不穩定，就要注意財運方面的問題，也會是比較有變動的狀況。

6・未月生（農曆六月份）

年、甲申

月、辛未

日、壬戌

時、己酉

此八字壬戌日，生於辛未月，年柱是甲申，時柱是己酉。整體地支環境屬於中間偏冷，最高溫的地支是未，最低溫是戌，對壬水來說，這樣的搭配還算理想，能夠發揮水的作用——育木。而較理想的運勢搭配，會是春夏運，才不會過於濕冷，若是秋冬運則易有弊病。

若是此命盤為男命，則走順運，壬申、癸酉、甲戌、乙亥、丙子……，是屬於秋冬運，因為氣候越來越降溫，所以整體水會過多，尤其是冬運乙亥開始，乙木顯得不穩定，而丙子運也明顯火過弱，水剋火現象也會有各方面不穩定的現象。

若是此命盤為女命，則走逆運、夏春運，庚午、己巳、戊辰、丁卯、丙寅……，是屬於較熱的搭配，對壬水來說，前三個大運會顯得較缺水，整體會感覺壓力大，但其實運勢還算理想。而丁卯、丙寅運則要注意水剋火現象，工作、財運方面的不穩定問題。

7・申月生（農曆七月份）

年、丁亥

月、戊申

日、壬申

時、庚戌

此八字壬申日，生於戊申月，年柱是丁亥，時柱是庚戌。整體地支環境屬於偏冷，最高溫的地支是申，最低溫是亥，對壬水來說，這樣的搭配還算理想，但因為整體地支都是秋冬，就要注意金水過多的影響，較理想的走勢會是春夏運，才能讓水更能有作用。

若是此命盤為男命，則走逆運，丁未、丙午、乙巳、甲辰、癸卯……，是屬於春夏運，大方向是相當熱的搭配，或許會感覺比較缺水有壓力，但相對也會較有展現與發揮，而甲辰、乙巳運也會更有不錯的表現，相當能發揮食傷的優勢。不過要注意缺水的問題。

若是此命盤為女命，則走順運、秋冬運，己酉、庚戌、辛亥、壬子、癸丑……，是屬於相當旺的金水運勢，也會越來越濕冷，對於壬水來說，整體較缺火，也要注意到金水旺所帶來的問題，像是劫財或犯小人，且也因為環境較冷，壬水的作用就會比較無法發揮。

8・酉月生（農曆八月份）

年、丙子
月、丁酉
日、壬子
時、己酉

此八字壬子日，生於丁酉月，年柱是丙子，時柱是己酉。整體地支環境屬於濕冷，最高溫的地支是兩個酉，最低溫是兩個子，對壬水來說，這樣的搭配屬於相當冷，很容易出現缺火現象，會造成不平衡的可能，尤其是年柱及月柱天干丙丁都是火，且是較弱不穩定的火，就需要有較旺的火土來平衡環境。

若是此命盤為男命，則走順運，戊戌、己亥、庚子、辛丑、壬寅……，是屬於秋冬運，尤其是庚子運開始，運勢屬於金水相當旺盛，且非常濕冷，其實是不理想的運勢走勢，要注意若逢遇木火土流年，容易變成不理想的元素，也要注意各方面的影響。

若是此命盤為女命，則走逆運、夏春運，丙申、乙未、甲午、癸巳、壬辰……，是屬於相當躁熱的搭配，對壬水來說，這樣的運勢雖然顯得缺水，但也會讓壬水有展現，能夠發揮作用，也要小心缺水的現象，忙碌不得閒，較有壓力。而時柱己酉又加上走比劫運，要注意己土的崩盤，及劫財的問題。

9．戌月生（農曆九月份）

年、戊寅
月、壬戌
日、壬子
時、甲辰

此八字壬子日，生於壬戌月，年柱是戊寅，時柱是甲辰。整體地支環境屬於偏冷，最高溫的地支是辰，最低溫是子，對壬水來說，這樣的搭配屬於有些濕冷，算是中間偏旺的搭配。較理想的行運搭配，會是火土較旺的春夏運，才能平衡大環境，讓壬水的功能有較大的發揮。

若是此命盤為男命，則走順運、冬春運，癸亥、甲子、乙丑、丙寅、丁卯……，是屬於較濕冷的搭配，對壬水日主來說，並不是理想的運勢，明顯缺火土，尤其是丙寅及丁卯運，會顯得火更不穩定，變成不理想的元素，容易在工作、財運方面不穩定。時柱的甲辰則明顯是很重要的干支組合，能夠穩定整體環境，且能平衡水過旺現象。

若是此命盤為女命，則走逆運，辛酉、庚申、己未、戊午、丁巳……，是屬於秋夏運，大方向是越走越熱的運勢，不過前兩個大運辛酉、庚申，金相當旺，金生水現象明顯，年柱戊寅就發揮不錯的作用，能穩定大環境的金水。而接下來的夏運，屬於非常躁熱的火土旺盛，雖然明顯土剋水，但也是很不錯的運勢搭配，能夠發揮作用。

10．亥月生（農曆十月份）

年、己亥

月、乙亥

日、壬辰

時、辛亥

此八字壬辰日，生於乙亥月，年柱是己亥，時柱是辛亥。整體地支環境屬於相當濕冷，最高溫的地支是辰，最低溫是三個亥，對壬水來說，這樣的搭配顯得過於旺盛濕冷，需要增加火土才能發揮作用，也比較不會有弊病。

若是此命盤為男命，則走逆運，甲戌、癸酉、壬申、辛未、庚午……，是屬於秋夏運，首先甲戌運，因為年柱己亥屬弱，甲己合土，會使整體環境不穩定，並不是理想的運勢搭配。而癸酉及壬申運，屬於旺水，要注意對月柱乙亥的影響，也不是太穩定的現象。辛未及庚午運，是夏運，其實能有實質的幫助，讓大環境平衡，整體是不錯的運勢搭配。

若是此命盤為女命，則走順運、冬春運，丙子、丁丑、戊寅、己卯、庚辰……，前面兩個運勢丙子與丁丑屬於冬運，且天干丙丁火，水剋火現象會讓火不穩定，整體是不理想的搭配。之後的春運天干出戊己土，會讓大環境越來越升溫，是還不錯的運勢走勢，不過因為時辰辛亥較冷，會讓整體溫度平均降低，則要注意比劫的問題。

11．子月生（農曆十一月份）

年、丙午
月、庚子
日、壬午
時、庚子

此八字壬午日，生於庚子月，年柱是丙午，時柱是庚子。整體地支環境屬於中間，最高溫的地支是兩個午，最低溫是兩個子，對壬水來說，這樣的搭配屬於理想，但子午相沖，則會出現一些不穩定現象，若逢遇天干木，就會有些刑剋現象。壬水的主要作用是育木，基本上春夏運會是比較理想的走勢。

若是此命盤為男命，則走順運，辛丑、壬寅、癸卯、甲辰、乙巳……，是屬於春夏運，整體來說是不錯的走勢，有補到火旺的地支運勢，但因為月柱與時柱都是庚子，就要注意金剋木的問題，也就是甲辰乙巳運，則會比較有些起伏或變動，食傷木被金剋，在各方面都要保守，尤其是流年若又遇到庚辛金出天干，則要更小心。

若是此命盤為女命，則走逆運，冬秋及夏運，己亥、戊戌、丁酉、丙申、乙未……，戊己運雖是較冷的地支搭配，但整體能讓大環境穩定，對金不穩定的四柱搭配，是不錯的運勢。不過接下來的丙丁運，因為是屬於秋運，火本來就是較弱及不穩定，就要注意水剋火的問題，會讓火更不穩定，工作、財運都要注意。乙未運基本上是不錯的運勢搭配，能讓壬水的作用有好發揮。

12．丑月生（農曆十二月份）

年、庚午
月、己丑
日、壬辰
時、壬寅

此八字壬辰日，生於己丑月，年柱是庚午，時柱是壬寅。整體地支環境屬於中間偏熱，最高溫的地支是午，最低溫是丑，加上春季的寅與辰，是還不錯的搭配，會讓壬水偏弱，也能發揮作用，但要注意是否會有運勢過熱，或是火不穩定的現象出現，則較易有起伏變動。

若是此命盤為男命，則走順運，庚寅、辛卯、壬辰、癸巳、甲午……，是屬於春夏運，整體來說是理想的走勢，前兩個運勢庚辛，印雖不旺，但還算理想，壬癸運則要注意比劫的問題，尤其是在丙丁火出天干的流年，會有劫財現象。甲午開始會是相當燥熱的運勢，整體水生木，現象還不錯，但要注意勞碌忙碌，情緒及健康方面的狀況。

若是此命盤為女命，則走逆運、冬秋運，戊子、丁亥、丙戌、乙酉、甲申、癸未…，戊子運雖冷，但整體有穩定作用，還算理想，而丁亥及丙戌運，則會是水剋火，是不穩定的財出天干，要注意各方面的變動或不預期的狀況。乙酉開始的運勢，水生木，因為日支辰與時支寅都是春季，大方向是不錯的搭配，也能讓運勢更增溫，提升水的作用。

癸水日主：

癸水的調和條件，最理想的區間是在中間到偏弱，若從零到一百來說，大概是落在25到65之間，因為癸水代表格局較小的水，小河川、融雪之水及灌溉之水。癸水的作用主要是育木及剋火，水生木與水剋火，而若是要在相對理想的季節就會是春夏季，在作用上也會比較有功能。

通常在春季時氣候較剛好，不會過冷或過熱，對育木來說，會比較沒缺水的問題，但若是在夏季，因為火土較旺，氣候炎熱，反而變成水被火土剋，弱的癸水則會更弱，就會有缺水的弊病。如果冬季則太過濕冷，金水旺，也易使癸水過多，整體就不太平衡。

癸水需要的條件，喜歡整體屬於中間或偏弱，最理想的搭配會是春季。但若是夏運或是冬運，恐怕會有缺水或是氾濫的問題。

滴天髓論癸水：

「癸水至弱，達於天津。得龍而運，功化斯神。不愁火土，不論庚辛。合戊見火，化象斯真。」

癸水屬於規模較小的水，小河、小川，甚至是雨露，但並不影響水的功用。癸水雖弱，但發源遠長，能潤土養金。若逢遇地支辰，水入辰庫，但不至缺水，且能與戊合火，不論秋冬亦是。癸水的特性很有韌性，不怕至弱，所以並不擔心逢遇火土；癸水也不介意庚辛，只要能發揮作用，且不氾濫即可。合戊見火者，陰極則陽生，戊土燥厚，柱中得丙火透露，引出化神，乃為真也。

基本上癸水的調候，主要喜歡中間到偏弱，比較能夠發揮育木作用，像是春或夏運，不過若是過旺的火土，則官殺較重，也會有缺水的問題，就需要金水來幫忙。水的特質跟木火土不一樣，會旺在秋冬而弱在春夏，所以弱的癸水相對的條件會比較理想。

若單從日主判斷：

- **癸卯**：農曆二月的癸水，氣候微涼，陽氣漸生，癸水屬平衡。卯支藏天干為乙，屬木。癸卯，水生木，天干生地支。春季木旺盛，所以癸卯容易變成缺水，就需要有金火水出現；但若逢到金水旺，則反而要有火土來平衡。癸水理想的搭配，喜歡中間到偏弱，春夏運還不錯。

‧**癸巳**：農曆四月的癸水，氣候炎熱，火炎土旺，水屬弱。巳的支藏天干為戊丙庚，屬火。癸巳，水剋火，但癸水相當弱，屬缺水現象，所以需要金水來助，否則無法育木。癸巳喜金水，不宜再有火土旺。整體大方向喜歡中間至偏弱的搭配，若是春夏運則喜補水。

‧**癸未**：農曆六月的癸水，氣候燥熱，火炎土燥，癸水過弱。未支藏天干為乙己丁，屬土。癸未，土剋水，地支剋天干，且土過旺，水更弱。很需要金水來平衡，不宜再有火土出現，太弱的水無法好好發揮功能，不管是育木或是剋火，反而會變成被火剋。也不宜木多，會讓癸水無力。

‧**癸酉**：農曆八月的癸水，氣候稍冷，氣流旺盛，癸水屬旺。酉支藏天干為辛，屬金。癸酉，金生水，地支生天干。三秋癸水，寒氣漸升，需火來平衡。因為秋季金旺，容易變成金水過旺，就要有火土，才能發揮癸水功能，育木、剋火。但也不宜火土木過旺，太弱的水會比較無法作用。

- **癸亥**：農曆十月的癸水，氣候濕冷，癸水旺盛。亥的支藏天干是壬甲，癸亥，水屬旺，冬季旺盛的水。整體需要火土來升溫，才能發揮癸水的作用，不宜逢遇弱的火土，也不宜有過旺的金水，否則會有氾濫的問題。癸亥屬帝旺，是相當大且濕冷的活水，若不節制易有些弊病。

- **癸丑**：農曆十二月的癸水，氣候嚴寒，癸水結冰。丑支藏天干為辛己癸，屬土。癸丑，整體環境天寒地凍，癸水是因為低溫而無法有作用，非常需要有實質的火土來融化寒冰，尤其是火。主要喜歡春夏運，尤其是夏季的火土，大地才能回溫有生氣。

單一從日主來判斷旺弱喜忌，並無法推論準確，要再加入其他三組年、月、時干支，才能較完整做判斷。

舉例來說：

1．寅月生（農曆一月份）

年、壬寅

月、壬寅

日、癸卯

時、丁巳

此八字癸卯日，生於壬寅月，年柱是壬寅，時柱是丁巳。整體地支環境屬於偏熱，最高溫的地支是巳，最低溫是兩個寅。對癸水來說，中間至偏熱都是不錯的搭配，因為癸水能適應相當大區間的溫度範圍，但偏熱會是比較理想的組合，也較能發揮癸水的作用。

若是此命盤為男命，則走順運，癸卯、甲辰、乙巳、丙午、丁未……，走春夏運，甲辰與乙巳運現象是水生木，屬於不錯的食傷，但丙午及丁未運，則顯得相當火旺，也相對非常缺水，似乎有過熱、水過弱的狀況，要注意缺水的問題，像是忙碌或劫財，或是健康方面的問題。

若是此命盤為女命，則走逆運，辛丑、庚子、己亥、戊戌、丁酉……，是屬於冬秋運，屬於相當濕冷，辛丑、庚子運，會讓整體環境金水過旺，且火土過弱。己亥運的己土較弱，會因為水多而變成水剋土，並不理想，也不穩定。戊戌運則有不錯的穩定特質，是不錯的運勢。但丁酉的火本來就屬不穩定，要注意工作、財運方面的變動。

2・卯月生（農曆二月份）

年、辛巳
月、辛卯
日、癸丑
時、乙卯

此八字癸丑日，生於辛卯月，年柱是辛巳，時柱是乙卯。整體地支環境屬於中間，最高溫的地支是巳，最低溫是丑，對癸水來說，這樣的搭配還算理想，但若能逢遇到春夏運，則更能發揮癸水的作用，尤其是育木功能，不過也要注意缺水的現象，以及相關的問題。

若是此命盤為男命，則走逆運，庚寅、己丑、戊子、丁亥、丙戌……，是屬於冬秋運，是屬於相當冷的組合，整個大環境會顯得很缺火，會讓癸水容易不穩定，也會比較無法發揮作用，尤其是丁亥與丙戌運，明顯火不穩定，要注意工作財運或是感情婚姻方面的問題。

若是此命盤為女命，則走順運、夏秋運，壬辰、癸巳、甲午、乙未、丙申……，是屬於相當熱的走勢，雖然整體屬於不錯的運勢走勢，但慢慢的會讓整個環境變得炎熱，且過熱，尤其是甲午運開始，明顯缺水的問題，因為水生木現象卻缺水，則會有身過弱的問題。

3．辰月生（農曆三月份）

年、己酉
月、戊辰
日、癸酉
時、丙辰

此八字癸酉日，生於戊辰月，年柱是己酉，時柱是丙辰。整體地支環境屬於中間偏冷，最高溫的地支是兩個辰，最低溫是兩個酉，對癸水來說，這樣的搭配，還屬理想，但要注意因為年干與月干都是土，戊己土剋水，也會讓整體水顯得較弱些。

若是此命盤為男命，則走逆運，丁卯、丙寅、乙丑、甲子、癸亥……，是屬於春冬運，丁卯與丙寅運因為火出天干，要注意水剋火現象。而乙丑與甲子，雖是冬運但因為天干是甲乙木，現象是水生木，整體還屬理想，但若能再加強火土會更穩定，癸亥運則要注意劫財的問題。

若是此命盤為女命，則走順運、夏秋運，己巳、庚午、辛未、壬申、癸酉……，前三個運己巳、庚午及辛未是屬於炎熱的夏運，大方向對癸水來說，就顯得壓力過大，土剋水現象明顯，要注意情緒的起伏及健康狀況。而壬申、癸酉運則是還不錯的運勢搭配，但要注意比劫人際方面的變動。

4・巳月生（農曆四月份）

年、庚子

月、辛巳

日、癸酉

時、辛酉

此八字癸酉，生於辛巳月，年柱是庚子，時柱是辛酉。整體地支環境屬於偏冷，最高溫的地支是巳，最低溫是子，對癸水來說，這樣的搭配明顯金水較旺，四柱除了日主是癸水，其餘都是金。主要都是金生水現象，而水要有作用，就需要有熱度，火土運會是較理想的走勢。

若是此命盤為男命，則走順運、夏秋運，壬午、癸未、甲申、乙酉、丙戌……，是屬於有實質高溫的搭配，會讓水變活潑且能有不錯的作用。甲申、乙酉運，現象是水生木，但也要注意金剋木現象，大方向是屬於理想運勢，而丙戌運則要注意水剋火的劫財問題。

若是此命盤為女命，則走逆運、春冬運，庚辰、己卯、戊寅、丁丑、丙子……，是屬於春冬運，大方向是屬於越來越冷的走勢，庚辰屬印旺，己卯與戊寅運，雖是土剋水，但戊土能穩定大環境，還算理想。冬運的丁丑、丙子，明顯水剋火，且火相當不穩定，是屬於不理想的運勢走勢，各方面都要注意。

5・午月生（農曆五月份）

年、庚辰

月、壬午
日、癸丑
時、乙卯

此八字癸丑日，生於壬午月，年柱是庚辰，時柱是乙卯。整體溫度屬於中間，還算調和，最低溫是丑，最高溫是午，還有卯辰兩個春支，對癸水來說，屬於理想的範圍，但要注意年柱與月柱的搭配，會是比較熱且易缺水，要注意不宜再缺水。

若是此命盤為男命，則走順運，癸未、甲申、乙酉、丙戌、丁亥……，是屬於秋冬運，癸未運雖熱但不至影響太大，甲申與乙酉運則是水生木現象，整體還算不錯的食傷，但是丙戌及丁亥運，就明顯有水剋火且火過弱的現象，火就會是不理想的搭配，工作、財運或是各方面都要注意劫財現象。

若是此命盤為女命，則走逆運、春冬運，辛巳、庚辰、己卯、戊寅、丁丑……，前兩個大運辛巳與庚辰，金生水現象，整體屬於還不錯的印，己卯與戊寅運雖是官殺土剋水，但能穩定大環境，都屬於理想的搭配，但冬運的丁丑運，明顯火過弱，要注意水剋火的問題。

6．未月生（農曆六月份）

年、己未

月、辛未

日、癸未

時、丙辰

此八字癸未日，生於辛未月，年柱是己未，時柱是丙辰。整體地支環境屬於過熱，最高溫的地支是三個未，最低溫是辰，而對癸水來說，這樣的搭配過於燥熱，明顯水過弱，非常需要有金水來相助，否則官殺壓力過多，要很注意各方面的影響，如果運勢依然火土旺，就會有太缺水的問題。

若是此命盤為男命，則走逆運、夏春運，庚午、己巳、戊辰、丁卯、丙寅……，前三個運是屬於相當熱的搭配，並沒有解決此命盤缺水的問題，反而缺水更嚴重，要注意各方面的狀況。而丁卯與丙寅運，雖然整體春運較冷些，還是依然缺水，且天干出火，要注意劫財問題。

若是此命盤為女命，則走順運，壬申、癸酉、甲戌、乙亥、丙子……，是屬於秋冬運，因為氣候越來越低溫，整體會讓溫度降低，的確會比較不缺水，前面四個運勢都屬理想，也會因為水生木而有所展現，但要注意冬運的丙子運，容易出現不理想的劫財現象。

7．申月生（農曆七月份）

年、辛酉
月、丙申
日、癸酉
時、癸亥

此八字癸酉日，生於丙申月，年柱是辛酉，時柱是癸亥。整體地支環境屬於偏冷，四個地支都在秋或冬，三個秋、一個冬。對癸水來說，明顯金水較旺盛，有水過旺的問題，所以需要補火土，才能平衡回來，否則較容易有缺火土的弊病。

若是此命盤為男命，則走逆運，乙未、甲午、癸巳、壬辰，辛卯……，是屬於春夏運，乙未與甲午運是非常炎熱的搭配，現象是水生木，整體食傷旺盛，但要注意金剋木的問題。癸巳與壬辰運，水屬於平衡，不過比劫方面就容易有些弊病，要注意人際的影響。辛卯運會有金生水現象，基本上有些不必要，也會讓環境金水過旺。

若是此命盤為女命，則走順運、秋冬運，丁酉、戊戌、己亥、庚子、辛丑……，是屬於越來越濕冷的搭配，對癸水來說，並不是理想的運勢走勢，不過戊戌運能穩定大環境，是比較沒問題的搭配，而庚子及辛丑運，會讓整體金水過於旺盛，明顯比較偏差，則需要多注意缺火土的問題，還有出現金剋木的可能。

8．酉月生（農曆八月份）

年、庚申
月、乙酉
日、癸未
時、乙卯

此八字癸未日，生於乙酉月，年柱是庚申，時柱是乙卯。整體地支環境屬於中間，最高溫是地支未，最低溫是酉，對癸水來說，這樣的搭配屬於理想，而年柱庚申會有金生水現象，年柱月柱天干乙庚和金，地支申酉合金，都會出現金生水現象，整體不至於會有缺水問題。

若是此命盤為男命，則走順運，丙戌、丁亥、戊子、己丑、庚寅……，是屬於秋冬運，整體環境大方向是較冷，會使整個環境降溫，丙戌與丁亥都是火出天干，且會有水剋火、火剋金的現象，讓火明顯不穩定。戊子與己丑運屬於相當低溫，不過大環境還算穩定。庚寅運則會有乙庚合及金生水現象，且木也會越來越旺，整體還算有展現，但會忙碌或煩躁。

若是此命盤為女命，則走逆運、夏春運，甲申、癸未、壬午、辛巳、庚辰……，整體是屬於還不錯的運勢走勢，對癸水來說，春夏運基本上是屬理想，但要注意甲申運，會有金剋木的問題，而辛巳與庚辰運也會有金剋木的現象，尤其是甲乙木的流年更要注意不穩定。

9．戌月生（農曆九月份）

年、戊申
月、壬戌
日、癸巳
時、甲寅

此八字癸巳日，生於壬戌月，年柱是戊申，時柱是甲寅。整體地支環境屬於中間，最高溫的地支是巳，最低溫是戌，對癸水來說，這樣的搭配還算理想，年柱戊申的戊土相當燥熱，會讓癸巳日主顯得官殺較旺，癸變弱，但月柱壬戌的水較旺，是不錯的平衡。

若是此命盤為男命，則走順運、冬春運，癸亥、甲子、乙丑、丙寅、丁卯……，前三個運勢走冬運，癸亥是水相當旺的搭配，甲子與乙丑是較弱的木搭配，整體比較濕冷，會讓此命盤顯得缺火土，也是不太理想的食傷。丙寅與丁卯本身是較弱的火，水剋火現象則要注意劫財的問題，或是人際引起的問題。

若是此命盤為女命，則走逆運，辛酉、庚申、己未、戊午、丁巳……，是屬於秋夏運，大方向是越來越熱的走勢，前兩個運勢是秋運，辛酉與庚申是相當旺盛的金，所以金生水現象明顯，而己未與戊午運勢非常躁熱的土運，會讓癸日變得過熱過弱，並不是理想的搭配，會有官殺過旺的弊病。

10·亥月生（農曆十月份）

年、癸卯

月、癸亥

日、癸丑

時、癸亥

此八字癸丑日，生於癸亥月，年柱是癸卯，時柱是癸亥。整體地支環境相當濕冷，且四柱都是癸水，除了春支的卯，其餘三個都是冬支，亥、丑、亥。對癸水來說，這樣的搭配顯得水過多，且又低溫，很需要補火土才能有較理想的作用。

若是此命盤為男命，則走逆運，壬戌、辛酉、庚申、己未、戊午……，是屬於秋夏運，前面三個運勢屬於秋運，壬戌、辛酉、庚申，整體金水過旺，並無法平衡大環境的濕冷，所以要注意缺火土的問題，像是人際所帶來的問題……。己未與戊午運，雖然官殺屬旺，但相當能穩定水的氾濫及過多，是還不錯的運勢搭配。

若是此命盤為女命，則走順運、冬春運，甲子、乙丑、丙寅、丁卯、戊辰……，是屬於較低溫的搭配，甲子與乙丑運是冬木，木生火現象，但其實不是理想的食傷，要注意缺火土的狀況。丙寅與丁卯運，明顯是水剋火現象，且是水旺火弱，身旺財弱，工作、財運或是健康方面都容易不穩定。戊辰運相對是比較理想的運勢，戊辰能夠發揮土剋水功能，阻止水多氾濫。

11・子月生（農曆十一月份）

年、甲申
月、丙子
日、癸卯
時、壬戌

此八字癸卯日，生於丙子月，年柱是甲申，時柱是壬戌。整體地支環境屬於偏冷，最高溫的地支是申，最低溫是子，還有卯戌屬偏涼。對癸水來說，整體還算理想，不過比較理想的運勢走勢，會是春夏運，才能讓癸水更有作用。此命盤的月柱丙子，本身就是火弱，所以水剋火現象會讓火更不穩定，容易有起伏變動的元素，像是工作、財運的問題，甚至是家運的不穩定。

若是此命盤為男命，則走順運，丁丑、戊寅、己卯、庚辰、辛巳……，是屬於春夏運，整體來說是屬於理想的走勢，丁丑與己卯運，因為本身就屬較弱的搭配，所以要注意丁火與己土的不穩定。庚辰與辛巳運，現象是金生水，其實有點多餘，因為命盤搭配已經是水較旺盛，就要注意水更多會帶來的問題，劫財或是犯小人現象。

若是此命盤為女命，則走逆運、冬秋及夏運，乙亥、甲戌、癸酉、壬申、辛未……，前兩個運勢是弱的食傷乙亥、甲戌，整體缺火，會感覺有無力感。癸酉與壬申運，水屬旺，大環境水過多，容易有人際的問題或是劫財現象。辛未運是理想的運勢搭配，主要是的辛未的熱度夠，能平衡水過多。

12．丑月生（農曆十二月份）

年、己卯

月、丁丑

日、癸丑

時、乙卯

此八字癸丑日，生於丁丑月，年柱是己卯，時柱是乙卯。整體地支環境屬於寒冷，有兩個最低溫的丑，及兩個卯，對癸水來說，基本上是過冷，若是要有理想的作用，則需要有一定的熱度，所以需要增加火土才會比較平衡。

若是此命盤為男命，則走逆運、冬秋運，丙子、乙亥、甲戌、癸酉、壬申……，冬運的丙子運，火太弱且不穩定，水剋火也會讓運勢不理想。乙亥與甲戌運，從冬運走到秋運，相對甲戌是比較穩定理想的搭配。癸酉與壬申運，因為水屬旺盛，就要注意比劫產生的問題，且水旺會讓時柱乙卯不理想，水多木則漂。

若是此命盤為女命，則走順運，戊寅、己卯、庚辰、辛巳、壬午……，是屬於春夏運，整體來說是不錯的走勢，但要注意庚辰、辛巳運，或許會有金剋木的現象。越來越熱的運勢則要注意忙碌或奔波的狀況。

第三章 調和方式及範例説明

三 調和方式及範例說明

1.甲乙木日主

基本上，甲乙木的特質，喜歡適合的生長環境，不宜缺火，也不能缺水，除了適當的環境之外，也不宜有過旺的金水，否則易有損傷。讓木長得好，就會是木的展現，整體大運走勢春夏最適合，且不太喜歡秋冬，但如果乙木逢秋運還可接受，乙木不忌秋運。如果木日主本命較旺則不忌秋，但是不喜歡金出天干，像是庚申、庚戌、辛酉的金過旺會傷剋到木。也不宜有多過的水，會讓木漂流，則需要火土來平衡。

基本上，木日主逢到春夏運，大概百分之七十五以上都可以論為好運勢，財運也會較理想，但若本命已經較旺，又逢到缺水的運勢，那就會是較熱的搭配，會明顯感覺到勞碌辛勞、不得閒，也大都需要靠自己努力，像是運勢壬午、癸未、辛未……等等。不管五行的任何元素，若是太過與不及，都會有它的狀況，維持在調和的區間最為理想。

・範例說明，甲日主：

女命

八字本命	年柱	月柱	日柱(日主)	時柱
虛歲年限	1至15歲	16至30歲	31至45歲	46歲之後
四柱干支	丙辰	丁酉	甲子	戊辰

大運						
虛歲年限	1歲至10歲	11歲至20歲	21歲至30歲	31歲至40歲	41歲至50歲	51歲至60歲
干支	丙申	乙未	甲午	癸巳	壬辰	辛卯

流年										
虛歲	1 +60	2	3	4	5	6	7	8	9	10
干支	丙辰	丁巳	戊午	己未	庚申	辛酉	壬戌	癸亥	甲子	乙丑
虛歲	11	12	13	14	15	16	17	18	19	20
干支	丙寅	丁卯	戊辰	己巳	庚午	辛未	壬申	癸酉	甲戌	乙亥
虛歲	21	22	23	24	25	26	27	28	29	30
干支	丙子	丁丑	戊寅	己卯	庚辰	辛巳	壬午	癸未	甲申	乙酉
虛歲	31	32	33	34	35	36	37	38	39	40
干支	丙戌	丁亥	戊子	己丑	庚寅	辛卯	壬辰	癸巳	甲午	乙未
虛歲	41	42	43	44	45	46	47	48	49	50
干支	丙申	丁酉	戊戌	己亥	庚子	辛丑	壬寅	癸卯	甲辰	乙巳
虛歲	51	52	53	54	55	56	57	58	59	60
干支	丙午	丁未	戊申	己酉	庚戌	辛亥	壬子	癸丑	甲寅	乙卯

此命盤甲子日主，生於丁酉月，丙辰年，戊辰時。女生，陽年天干，走逆運。整體四柱的環境屬於稍涼，但還算理想，甲木地支搭配雖是子，但年、月的天干都是火，且辰是條件相當好的地支，能夠讓甲木有不錯的發展。而由於月柱地支酉與日支子都較冷，也是讓整體溫度下降的原因，大方向需要補到火，會是理想的運勢。

起運丙申，是屬於還算熱的火搭配，且與天干丙辰會拱丙子，地支申子辰合水，與日主地支也是合水，現象是木生火，食神出天干，但並不會有火過旺的現象，因為地支合水會剋火，也是很實質的印，屬於不錯的貴人運。

乙未運，非常熱的乙木，且地支未所代表的是最熱的氣溫，對此本命來說，是補到實質的高溫，容易會有缺水現象，地支子未害，人際則容易有些不穩定，但還好十六歲年限換到月柱，地支酉與日主地支子，會讓整體高溫降溫平衡，不至於太過偏差，但由於現象是木生火，且年、月食傷都出天干，還是會有火旺缺水的問題。而在流年方面，十七、十八歲的壬申與癸酉運，是條件相當理想的水搭配，也會帶來很不錯的貴人與機會。

甲午運，是相當旺盛的甲木，也很缺水，與日主甲子地支子午沖，要注意人際劫財的弊病，像是二十三或二十四歲戊寅與己卯，木剋土，劫財、爭財明顯。而二十七與二十八歲壬午與癸未，水出干但卻顯得更缺水。

癸巳運，年限到了三十一歲，日主甲子逢遇到癸巳運，雖然癸巳感覺缺水，但甲子的地支能降溫，整體是相當好的印搭配，貴人運理想。

壬辰運，是條件相當好的水搭配，但要注意四十六歲之後時柱啟動，戊辰則會讓整體有些缺水現象，還好年限裡流年的搭配都較冷，相對很能平衡。且戊辰的土相當穩定，也能避免金剋木的現象。像是流年庚子與辛丑，影響則不大。

辛卯運，金弱，金剋木現象不明顯，但要注意讓金不穩定的流年，像是丙午與丁未年，火旺且火剋金；而己酉年則要注意甲己合土，己土太弱的問題。

・範例說明，乙日主：

此命盤乙丑日主，生於戊子月，庚戌年，乙酉時。男生，陽年天干，走順運。整體四柱的環境屬於相當冷，有兩個冬支與兩個秋支，對乙木來說，需要增加溫度，喜補火土，才能平衡環境，讓乙木有作用。年柱庚戌，乙庚合金且金剋木，會讓乙木更弱，也感覺壓力相當大。而月柱戊子是冬土，乙丑日要剋戊子，木剋土，除了很低溫也會相當無力，所以首要的喜神是旺的火。

起運己丑，是屬於非常嚴寒的搭配，

時柱	日柱（日主）	月柱	年柱	年限虛歲	八字本命	男命
46歲之後	31至45歲	16至30歲	1至15歲			
乙酉	乙丑	戊子	庚戌	四柱干支		

59歲至68歲	49歲至58歲	39歲至48歲	29歲至38歲	19歲至28歲	9歲至18歲	年限虛歲	大運
甲午	癸巳	壬辰	辛卯	庚寅	己丑	干支	

30	29	28	27	26	25	24	23	22	21	20	19	18	17	16	虛歲	流年
己卯	戊寅	丁丑	丙子	乙亥	甲戌	癸酉	壬申	辛未	庚午	己巳	戊辰	丁卯	丙寅	乙丑	干支	
60	59	58	57	56	55	54	53	52	51	50	49	48	47	46	虛歲	
己酉	戊申	丁未	丙午	乙巳	甲辰	癸卯	壬寅	辛丑	庚子	己亥	戊戌	丁酉	丙申	乙未	干支	

15	14	13	12	11	10	9	8	7	6	5	4	3	2	1 +60	虛歲	流年
甲子	癸亥	壬戌	辛酉	庚申	己未	戊午	丁巳	丙辰	乙卯	甲寅	癸丑	壬子	辛亥	庚戌	干支	
45	44	43	42	41	40	39	38	37	36	35	34	33	32	31	虛歲	
甲午	癸巳	壬辰	辛卯	庚寅	己丑	戊子	丁亥	丙戌	乙酉	甲申	癸未	壬午	辛巳	庚辰	干支	

只會讓環境更低溫、更缺火，其實是不理想的運勢，乙木會更弱。但從流年來看，八、九、十歲，丁巳、戊午與己未，因為火土夠熱、夠旺，能夠有理想的升溫，是相當不錯的流年，但若是金水旺的流年則不理想。

庚寅運，雖然是春季，但一月還是相當冷，整體幫助不大，且天干出庚金，除了金剋木還乙庚合，但月柱戊子則是相當穩定的戊土，雖然也是低溫，但能讓大環境較穩定，是重要的元素搭配。

辛卯運，金偏弱，金剋木現象不明顯，但重點在地支卯，稍微能增加些溫度，但整體還是缺火。流年方面，從三十三歲起，壬午、癸未、甲申三年，都是相當理想的搭配，能夠平衡大環境的低溫且有貴人。

壬辰與癸巳運，是條件理想的水搭配，不僅會讓環境平衡，還能讓日時柱的地支，巳酉丑合金的弊病最少，讓金生水而洩金，且運勢的水是相當理想的印，乙木會有機會與展現。但流年庚子與辛丑年，則金剋木明顯，還是要注意各方面的不穩定。還有在五十七與五十八歲的丙午與丁未年，火非常的旺、炎熱，反而變成缺水現象，是過與不及的不平衡。

甲午運，非常燥熱的甲木搭配，對乙丑來說，是不錯的增溫助力，但因為加上時柱乙酉，是比劫都出天干，除了可能的缺水現象，還要注意比劫的影響。像是五十九與六十歲，戊申與己酉年，財出天干，爭財現象明顯，人際方面的變動或是影響就會相當大。

2.丙丁火日主

基本上，丙丁火的特性，雖不忌冬運，但不宜太弱，且也不喜歡整個太過燥熱，不管是金水過旺或是過弱都會有問題，易有無法平衡的弊病。

調和方式及範例說明從運勢上來看，如果本命已經偏弱，則不喜再逢秋冬運，會更顯火弱不穩定，尤其是再逢金水出天干，官殺、財旺，容易屬於不穩定現象。另一方面，丙日主亦不喜歡太過旺，也就是本命已經偏旺，加上又逢火土旺的夏季，整體會顯得相當偏差，太過缺水，會很難平衡。像是丙午、丁未、壬午、癸未……運。

如果運勢逢遇金旺，像是庚申、庚戌、辛酉，雖然財旺出天干，但不能論財運會很多，只能說財運易不穩定，而且在這樣的運勢，要特別注意，如果流年逢遇甲乙木出天干，則要非常小心金剋木現象，也容易有較大起伏，尤其是財運相關的問題，而且大多都是不理想的狀況。

不管本命搭配屬於旺或弱，基本上，百分之八十以上都不喜歡逢遇財出天干，庚辛的搭配，除非是遇到冬金，庚子、辛丑，就會是比較理想的財運運勢。

丙火如果太旺，整個命盤過熱，又缺水，在健康及婚姻方面，也容易有起伏變動，不管是男命或女命，另一半都會比較辛苦些。

不管五行的任何元素，若是太過與不及，都會有它的狀況，維持在調和的區間最為理想。

・範例說明，丙日主：

此命盤丙戌日主，生於戊寅月，乙卯年，壬辰時。男生，陰年天干，走逆運。整體四柱的環境屬於稍冷，三個春支寅卯辰，加上一個戌，對丙火來說，屬於理想，因為丙火調合的範圍裡，溫度稍冷、火偏弱都屬平衡，只要不過弱即可。而地支卯戌合火，加上寅卯辰合木，都是會讓火旺

時柱	日柱(日主)	月柱	年柱	虛歲 年限	八字本命	男命
46歲之後	31至45歲	16至30歲	1至15歲			
壬辰	丙戌	戊寅	乙卯	四柱干支		

52歲至61歲	42歲至51歲	32歲至41歲	22歲至31歲	12歲至21歲	2歲至11歲	虛歲 年限	大運
壬申	癸酉	甲戌	乙亥	丙子	丁丑	干支	

30	29	28	27	26	25	24	23	22	21	20	19	18	17	16	15	14	13	12	11	10	9	8	7	6	5	4	3	2	1 +60	虛歲	流年
甲申	癸未	壬午	辛巳	庚辰	己卯	戊寅	丁丑	丙子	乙亥	甲戌	癸酉	壬申	辛未	庚午	己巳	戊辰	丁卯	丙寅	乙丑	甲子	癸亥	壬戌	辛酉	庚申	己未	戊午	丁巳	丙辰	乙卯	干支	
60	59	58	57	56	55	54	53	52	51	50	49	48	47	46	45	44	43	42	41	40	39	38	37	36	35	34	33	32	31	虛歲	
甲寅	癸丑	壬子	辛亥	庚戌	己酉	戊申	丁未	丙午	乙巳	甲辰	癸卯	壬寅	辛丑	庚子	己亥	戊戌	丁酉	丙申	乙未	甲午	癸巳	壬辰	辛卯	庚寅	己丑	戊子	丁亥	丙戌	乙酉	干支	

的助力，但此命盤要注意到，日主與時柱的天干壬丙沖，且地支辰戌沖，都會造成丙火的不穩定現象。

而最理想的運勢，要維持在不過熱或不過冷的環境，尤其是不宜金水過旺的搭配，否則易壓力過大，不易平衡。也不適合出現過旺的火土搭配，容易缺水會有弊病。

起運丁丑，是相當低溫的丁火，對環境來說，只會降溫，而且對年柱乙卯來說，冬支會讓木無力生長，是中看不中用的劫財，要注意人際的影響。流年部分，則需要有熱度的干支搭配，但不宜金水過旺的搭配，像是六歲的庚申，八歲的壬戌，都容易不穩定。丙子運，基本上跟丁丑運差異不大，都是冬火，對整體環境的溫度影響，不升反降，要注意人際方面的變動與影響。

乙亥運，冬木，整體還是低溫，對丙戌來說，木生火，但幫助不大，不過也沒有大問題，因為天干出的是乙，並不是金水，所以沒有官殺過旺，或是財過旺的問題。流年方面，較理想的搭配，木火土天干都可，但不宜金水的天干。

甲戌運，秋木，現象是木生火，對丙戌來說，還算理想，是不錯的印，不過還是要注意一些弊病，像是三十五歲流年己丑，甲己合土，過弱的己土會讓甲跟己都不穩定。而三十九歲癸巳年，會是缺水的現象，官殺不穩定要注意各方面的狀況。而三十八歲的壬辰年，是理想的搭配。

癸酉與壬申運，秋水，屬於源源不絕的旺水，但不會過旺，對丙火來說，是不錯的官殺搭配，雖然水剋火會感覺有壓力，但也會相當有展現，是理想的運勢，只不過要注意因為時柱的壬辰也是水出天干，一不小心就會讓官殺過多，變成不平衡的現象，尤其是若流年是金水過旺的搭配。像是四十六與四十七歲的庚子與辛丑年，除了過冷還讓水更旺盛。而五十四歲的戊申年，是相當穩定理想的流年，能讓大環境的壬申與壬辰，還拱了壬子的水過旺搭配不氾濫。

·範例說明，丁日主：

此命盤丁卯日主，生於戊戌月，丙申年，丁未時。男生，陽年天干，走順運。整體四柱的環境溫度屬於調和，兩個秋支申戌，加上一個春支卯及夏支未，而天干只有火生土現象，三個火天干及一個戊土，其實是相當單純的搭配，此四柱組合的重點在火偏旺，也會因為火生土而讓土旺。對丁卯來說，比肩、劫財都出天干，也都比日主旺，則要注意比劫帶來的影響，以及可能的缺水問題會有弊病。

而最理想的運勢，會是能平衡的搭配，

時柱	日柱(日主)	月柱	年柱	虛歲年限	八字本命	男命
46歲之後	31至45歲	16至30歲	1至15歲			
丁未	丁卯	戊戌	丙申	四柱干支		

54歲至63歲	44歲至53歲	34歲至43歲	24歲至33歲	14歲至23歲	4歲至13歲	虛歲年限	大運
甲辰	癸卯	壬寅	辛丑	庚子	己亥	干支	

30	29	28	27	26	25	24	23	22	21	20	19	18	17	16	15	14	13	12	11	10	9	8	7	6	5	4	3	2	1 +60	虛歲	流年
乙丑	甲子	癸亥	壬戌	辛酉	庚申	己未	戊午	丁巳	丙辰	乙卯	甲寅	癸丑	壬子	辛亥	庚戌	己酉	戊申	丁未	丙午	乙巳	甲辰	癸卯	壬寅	辛丑	庚子	己亥	戊戌	丁酉	丙申	干支	
60	59	58	57	56	55	54	53	52	51	50	49	48	47	46	45	44	43	42	41	40	39	38	37	36	35	34	33	32	31	虛歲	
乙未	甲午	癸巳	壬辰	辛卯	庚寅	己丑	戊子	丁亥	丙戌	乙酉	甲申	癸未	壬午	辛巳	庚辰	己卯	戊寅	丁丑	丙子	乙亥	甲戌	癸酉	壬申	辛未	庚午	己巳	戊辰	丁卯	丙寅	干支	

即不宜再出現過旺過熱的搭配，也不適合缺水的組合，但不介意水官殺出天干，因為丁火的適應力好，即使偏弱也能有展現。

起運己亥，是屬於較弱濕冷的冬土，現象是火生土，雖然會讓整體環境降溫，但年柱丙申也能幫助火生土，人際可以是不錯的貴人。流年方面，不宜再出現過冷或是金水過旺的搭配，像是十一及十二歲的丙午、丁未年，是相當旺盛高溫的火搭配，火生土現象，是很有力量的比劫，也會讓己亥有作用。

庚子辛丑運，相當低溫的金，現象是火剋金，財出天干，整體會讓丁卯不穩定，但因為月柱戊戌的特質穩定，也會讓財運變得理想也較沒弊病，是屬於很不錯的運勢搭配，雖有壓力但財運會相當好。流年方面，基本上並不介意比劫出現，像二十一歲的丙辰年，加上年柱也會拱丙子，即使劫財多，但並不影響財運，很可能會有合作共益的機會。但整體不宜出現木出天干，容易因為金剋木而有些變動，像是二十九歲的甲子年，就是不穩定的印組合。

壬寅運，春水是條件不錯的水搭配，現象是水剋火，天干丁壬合木，且地支寅卯也合木，對日主來說，雖然是正官有壓力，但木在地支相當實質，會有不錯的貴人，也會相當有展現，是理想的運勢搭配。流年方面，三十七及三十八歲的壬申與癸酉年，現象是水剋火，加上壬寅運的水，整體水過多，明顯會有變動，但並不影響丁日主的展現，也會屬於不錯的變動。

癸卯運，春水偏弱，現象是水剋火，但加上時柱丁未的旺火，會讓癸卯更弱、更無力，水變成一個不穩定元素，而且天干癸丁相沖，地支卯未合木，顯得缺水更明顯，容易在各方面有變動。較理想的流年搭配，是能平衡水弱的問題，像是五十二歲的丁亥年，冬火重點在地支較低溫，亥則是重要的平衡因素，且亥卯未合木，整體貴人運也會不錯。

甲辰運，春木，是條件相當好的甲木，現象是木生火，是理想的印，但因為時柱過熱，要注意缺水的問題，尤其是缺水的干支組合。流年方面，五十八歲的癸巳年，本身就較缺水，加上時柱與運勢的過熱，缺水更嚴重。

3. 戊己土日主

戊己土日主，大方向來說喜歡春夏運，尤其是當土的作用要育木時，就適合不過冷的環境，既不宜缺水也不能缺火。但如果土的作用是要蓄水，則基本上還是要夠有力，春夏運會較理想，但若搭配夠旺盛，那就不忌秋運。

雖然土本身旺在四季，不過冬季過冷，土會較弱，基本上還是不喜歡逢冬運，不管是育木或蓄水的功能都會變差。基本上，火土同源，火旺的夏天，火炎土燥但土若太旺則容易出現反效果，明顯會有缺水的問題。像是壬午、癸巳、癸未⋯⋯，也許運勢看起來不錯，但財運卻容易不穩定，會有為錢奔波或是徒勞無功，甚至是追著錢跑的狀況。

土走春夏運，大方向是理想的運勢，只要不變成缺水的現象，整體都會有不錯的作用。而若有不錯的官殺木出天干的搭配，也會相當有展現，但要注意可能的金剋木問題。若是運勢出甲乙木，則要注意流年金剋木的問題，亦或是運勢庚辛金出天干，而流年出甲乙木。

如果土日主在大運天干出甲乙木，那就是育木的功能，而要育木的話，基本上不太喜歡逢秋冬運，因為秋冬對木來說，並不是理想環境，也會比較缺火。如果土日主在本命或大運裡，出現其他較旺的比劫土，那就要注意在水出天干的流年，容易變成不理想的劫財現象。

不管五行的任何元素，若是太過與不及，都會有它的狀況，維持在調和的區間最為理想。

・範例說明，戊日主：

此命盤戊子日主，生於戊戌月，辛酉年，甲寅時。男生，陰年天干，走逆運。整體四柱的環境溫度屬於偏冷，最低溫的是子，兩個秋支酉戌，加上一個春支寅，而天干現象是土生金及木剋土，對戊子來說，會顯得更弱。所以不管是要育木或是蓄水，都需要增加溫度，才會讓戊土有力量。比較理想的運勢，會是春夏運，不宜再出現秋冬或是金水旺的搭配。而過旺的木搭配，會讓官殺過旺，會有弊病出現。

起運丁酉，現象是火剋金且火生土，但

時柱	日柱(日主)	月柱	年柱	虛歲年限	八字本命	男命
46歲之後	31至45歲	16至30歲	1至15歲			
甲寅	戊子	戊戌	辛酉	四柱干支		

60歲至69歲	50歲至59歲	40歲至49歲	30歲至39歲	20歲至29歲	10歲至19歲	虛歲年限	大運
壬辰	癸巳	甲午	乙未	丙申	丁酉	干支	

30	29	28	27	26	25	24	23	22	21	20	19	18	17	16	15	14	13	12	11	10	9	8	7	6	5	4	3	2	1 +60	虛歲	流年
庚寅	己丑	戊子	丁亥	丙戌	乙酉	甲申	癸未	壬午	辛巳	庚辰	己卯	戊寅	丁丑	丙子	乙亥	甲戌	癸酉	壬申	辛未	庚午	己巳	戊辰	丁卯	丙寅	乙丑	甲子	癸亥	壬戌	辛酉	干支	
60	59	58	57	56	55	54	53	52	51	50	49	48	47	46	45	44	43	42	41	40	39	38	37	36	35	34	33	32	31	虛歲	
庚申	己未	戊午	丁巳	丙辰	乙卯	甲寅	癸丑	壬子	辛亥	庚戌	己酉	戊申	丁未	丙午	乙巳	甲辰	癸卯	壬寅	辛丑	庚子	己亥	戊戌	丁酉	丙申	乙未	甲午	癸巳	壬辰	辛卯	干支	

丁酉屬於不太穩定的丁火，對整體幫助不大，不過也不會有大問題。流年的部分，理想的搭配會是增溫，像是八歲的戊辰年，是相當不錯的比肩搭配。而十歲與十一歲的庚午與辛未年，地支相當夠熱有力，但有點美中不足的是天干金太弱，容易有些煩躁感。

丙申運，現象火生土，與年柱丙辛合，且地支申酉戌合金，整體屬於高溫能提升大環境溫度，是不錯的運勢搭配，不過金地支透天干，金屬於旺，還好月柱的戊戌相當能穩定環境，所以問題不大。

乙未與甲午運，屬於相當炎熱高溫的木搭配，現象是木剋土，是非常旺的官殺現象，雖然夏支夠熱，是不錯的增溫運勢，但因為對較弱的戊子來說，這樣旺的官殺會是相當大的壓力，而就育木的功能來說，整體條件不錯，也會有相當好的展現及名聲，不過要注意忙碌或是健康方面的狀況，尤其是當時柱甲寅在年限啟動時，官殺明顯過旺，就會變成過與不及，會有些弊病。

在流年方面，則需要能夠減少官殺、能平衡現象的搭配，像是四十八歲的戊申年，就會是不錯的比肩，能分擔過旺的壓力。如果要用金剋木來減壓，四十與四十一歲的庚子與辛丑年，因為濕冷又氣流強，則易有過度金剋木現象，是美中不足的現象。

癸巳與壬辰運，是屬於條件不錯的水搭配，若是要育木則是理想的運勢，但癸巳運要注意可能的缺水問題。五十八及五十九歲的流年戊午與己未年，會明顯更缺水，比劫爭財也劫財。

・範例說明，己日主：

此命盤己丑日主，生於戊申月，壬戌年，丙寅時。女生，陽年天干，走逆運。整體四柱的環境溫度屬於偏冷，最低溫的是丑，兩個秋支申戌，加上一個春支寅，而天干現象是土剋水，但丙寅火弱不太有實質幫助。對己丑來說，若是要發揮理想的作用，那就要己土旺盛有力，所以需要增加溫度才行。比較理想的運勢，會是春夏運，甚至是旺盛的火土搭配，而不宜出現秋冬或是金水旺的搭配。

丁未與丙午運，夏季的火，是非常燥熱旺盛的火搭配，對偏弱的己丑命來說，火生土現象，能讓己土增溫有力量，整體是不錯的運勢，雖然會跟年柱壬戌水火相沖，但其實是水火濟濟的現象，加上月柱戊申是旺的戊土，也能穩定大環境的不穩定。流年方面，二十一與二十二歲的壬午與癸未年，本

時柱	日柱(日主)	月柱	年柱	虛歲年限	八字本命	女命
46歲之後	31至45歲	16至30歲	1至15歲			
丙寅	己丑	戊申	壬戌	四柱干支		

59歲至68歲	49歲至58歲	39歲至48歲	29歲至38歲	19歲至28歲	9 歲至18歲	虛歲年限	大運
壬寅	癸卯	甲辰	乙巳	丙午	丁未	干支	

30	29	28	27	26	25	24	23	22	21	20	19	18	17	16	15	14	13	12	11	10	9	8	7	6	5	4	3	2	1 +60	虛歲	流年
辛卯	庚寅	己丑	戊子	丁亥	丙戌	乙酉	甲申	癸未	壬午	辛巳	庚辰	己卯	戊寅	丁丑	丙子	乙亥	甲戌	癸酉	壬申	辛未	庚午	己巳	戊辰	丁卯	丙寅	乙丑	甲子	癸亥	壬戌	干支	
60	59	58	57	56	55	54	53	52	51	50	49	48	47	46	45	44	43	42	41	40	39	38	37	36	35	34	33	32	31	虛歲	
辛酉	庚申	己未	戊午	丁巳	丙辰	乙卯	甲寅	癸丑	壬子	辛亥	庚戌	己酉	戊申	丁未	丙午	乙巳	甲辰	癸卯	壬寅	辛丑	庚子	己亥	戊戌	丁酉	丙申	乙未	甲午	癸巳	壬辰	干支	

身已經水弱，也會因為月柱戊申與丙午運的火土過旺，而變成更缺水的現象，要注意劫財及財運變動。而二十七歲的戊子運，地支申子合，加上運勢丙午夠熱，整體是相當穩定的搭配。

乙巳與甲辰運，春夏木，是條件理想的木搭配，對己丑來說，是不錯的育木作用，但要注意己丑本身較弱，則希望流年能出現增溫的干支，就會更理想，更有展現。像是三十五歲的丙申年，是不錯的干支搭配。不過若是流年是較濕冷的金水或旺木，就要注意己土太弱而不穩定，運勢反而變成是壓力。像是三十九及四十歲的庚子與辛丑年，明顯會是金剋木現象，整體是不理想的變動。

癸卯與壬寅運，春水，是剛好的水量，現象是土剋水，功能是蓄水作用，整體還算理想，但要注意會因為流年如果過熱或是過冷，會變成缺水或是水氾濫。像是五十一歲的壬子年，水過於濕冷旺盛，加上癸卯，會讓己土潰堤，變成不理想的正偏財，工作財運會有明顯變動。而五十七歲的戊午年，戊土過於燥熱，戊癸合火，會讓癸水變成是個問題，劫財現象明顯。

4.庚辛金日主

基本上，庚辛金日主，大方向喜歡穩定的環境，不喜歡過冷或過熱，或是過於起伏變動的環境。金這一個類別比較特別，因為它們基本上就已經是屬於不穩定的元素，氣流、風，而和其他的五行元素相比，並沒有固定的形狀，也因為氣流的特質本來就較不穩定，所以大運環境對金的影響就更大。

金日主有分為旺金與弱金兩種類型，通常秋冬的金會是屬於旺金，而春夏的金相對是屬於偏弱的金。一般來說，較旺的氣流，在個性的表現上會比較明顯，也比較會去爭取目標、表現自我，當然能力也很不錯，不過也容易比較犀利或是得理不饒人，也會影響到別人，亦或是一不小心就出現較不預期的狀況。而較弱的氣流，在個人特質方面，通常會比較秀氣且氣質不錯，但也容易出現焦慮或是神經質的現象。

不管是旺金或是弱金，在運勢方面都不喜歡遇到較弱的木出天干，或是過旺的火天干搭配，甚至是水過多的組合。

但有些金日主命盤，需要一些刺激，火剋金，也是火煉金，能讓金活潑，其實能更有作用跟表現。不過較弱的金並不喜歡壓力，火旺只會讓金更不穩定、更弱。

從大方向來分類，偏旺的金組合：庚辰、庚申、庚戌、庚子、辛酉、辛亥與辛丑。偏弱的組合則是：庚寅、庚午、辛卯、辛巳、辛未。

不管五行的任何元素，若是太過與不及，都會有它的狀況，維持在調和的區間最為理想。

・範例說明，庚日主：

此命盤庚寅日主，生於戊辰月，甲子年，壬午時。女生，陽年天干，走逆運。整體四柱的環境溫度屬於中間，最低溫的是子，最高溫是午，加上兩個春支寅辰。年柱的甲子，是冬木，現象是金剋木，雖然低溫但還是會讓庚寅變弱，也會感覺有些無力，不過月柱戊辰是條件相當理想的戊土，能讓庚寅有不錯的印。

基本上，日主庚寅屬弱，喜歡穩定調和的環境，不宜過冷或是過熱的運勢，尤其是火過旺或是水過多，都會讓庚寅很不穩定。

時柱	日柱(日主)	月柱	年柱	虛歲年限	八字本命	女命
46歲之後	31至45歲	16至30歲	1至15歲			
壬午	庚寅	戊辰	甲子	四柱干支		

57歲至66歲	47歲至56歲	37歲至46歲	27歲至36歲	17歲至26歲	7歲至16歲	虛歲年限	大運
壬戌	癸亥	甲子	乙丑	丙寅	丁卯	干支	

30	29	28	27	26	25	24	23	22	21	20	19	18	17	16	15	14	13	12	11	10	9	8	7	6	5	4	3	2	1 +60	虛歲	流年
癸巳	壬辰	辛卯	庚寅	己丑	戊子	丁亥	丙戌	乙酉	甲申	癸未	壬午	辛巳	庚辰	己卯	戊寅	丁丑	丙子	乙亥	甲戌	癸酉	壬申	辛未	庚午	己巳	戊辰	丁卯	丙寅	乙丑	甲子	干支	
60	59	58	57	56	55	54	53	52	51	50	49	48	47	46	45	44	43	42	41	40	39	38	37	36	35	34	33	32	31	虛歲	
癸亥	壬戌	辛酉	庚申	己未	戊午	丁巳	丙辰	乙卯	甲寅	癸丑	壬子	辛亥	庚戌	己酉	戊申	丁未	丙午	乙巳	甲辰	癸卯	壬寅	辛丑	庚子	己亥	戊戌	丁酉	丙申	乙未	甲午	干支	

而理想的運勢，會是春運，能夠維持一定的溫度，也不會讓庚寅起伏太大。

丁卯與丙寅運，春天的火，對庚寅來說，是官殺，但整體是偏弱的火，所以還算理想，即使有壓力也都在平衡範圍，不過因為地支寅卯辰合木，也會讓庚寅更忙碌些。流年方面，不宜出現火過旺的搭配，也不喜歡木過旺的組合，像是二十三歲的丙戌年，又與丙寅運拱了丙午，顯得官殺過旺，變動會很明顯。

乙丑與甲子運，冬木，現象是金剋木，財出天干則會有財運不穩定的狀況，尤其是若流年組合是木旺或是金旺，變動會更明顯。但因為冬木屬弱，對庚寅來說，要剋冬木，並不是太費力，會比夏木好些，但最理想的狀態，會是流年春支的搭配。流年方面，二十九與三十歲，壬辰與癸巳年，金生水、水生木，是不錯的食傷生財組合。但是像是三十一與三十二歲的甲午與乙未年，還有三十七及三十八歲的庚子與辛丑年，不管是木過旺或是金過旺，都不是理想的流年運勢，會讓整體變動相當大，很可能會是劫財或是損失。

癸亥與壬戌運，相當旺盛的水搭配，且相對也較低溫，對庚寅來說，加上時柱壬午，都是金生水現象，但卻食傷過旺，洩金過多，也讓庚寅過弱無法平衡，整體是不理想的運勢組合，水變成不平衡的元素，要注意各方面的影響。

而理想的流年搭配，是能擋水的旺土，或是能幫助金旺的搭配，像是五十五歲的戊午年，是相當有力量的戊土，能夠有效剋水。

・範例說明，辛日主：

時柱	日柱(日主)	月柱	年柱	年限虛歲	八字本命	女命
46歲之後	31至45歲	16至30歲	1至15歲	年限虛歲		
乙未	辛酉	庚戌	丁巳	四柱干支		

52歲至61歲	42歲至51歲	32歲至41歲	22歲至31歲	12歲至21歲	2歲至11歲	年限虛歲	大運
丙辰	乙卯	甲寅	癸丑	壬子	辛亥	干支	

30	29	28	27	26	25	24	23	22	21	20	19	18	17	16	15	14	13	12	11	10	9	8	7	6	5	4	3	2	1 +60	虛歲	流年
丙戌	乙酉	甲申	癸未	壬午	辛巳	庚辰	己卯	戊寅	丁丑	丙子	乙亥	甲戌	癸酉	壬申	辛未	庚午	己巳	戊辰	丁卯	丙寅	乙丑	甲子	癸亥	壬戌	辛酉	庚申	己未	戊午	丁巳	干支	
60	59	58	57	56	55	54	53	52	51	50	49	48	47	46	45	44	43	42	41	40	39	38	37	36	35	34	33	32	31	虛歲	
丙辰	乙卯	甲寅	癸丑	壬子	辛亥	庚戌	己酉	戊申	丁未	丙午	乙巳	甲辰	癸卯	壬寅	辛丑	庚子	己亥	戊戌	丁酉	丙申	乙未	甲午	癸巳	壬辰	辛卯	庚寅	己丑	戊子	丁亥	干支	

此命盤辛酉日主，生於庚戌月，丁巳年，乙未時。女生，陰年天干，走順運。整體四柱的環境溫度屬於偏熱，有兩個夏支巳未，加上兩個秋支酉戌。年柱的丁巳是夏火，是相當熱的丁火，對辛酉來說，是火剋金現象，丁巳也會剋到月柱庚戌，火煉金，則金活潑，對時柱乙未來說，會是明顯的金剋木。

整個命盤金相當不穩定，而且是旺盛的狀態，一般來說，金旺容易會有傷剋木，或是影響其他元素的起伏變化。

此日主辛酉屬旺，是能力相當好的類型，有想法也優秀。整個命盤搭配是相當旺的氣流環境，在運勢方面，就需要有能穩定環境的運勢，弊病會比較少，也會更有重點更有展現。

起運辛亥，冬金，屬旺，對此命盤來說，會讓整體金更旺，尤其是年柱丁巳也會剋金，金更活躍，就要注意人際方面的影響。流年方面，要注意金剋木現象，像是八、九歲的甲子與乙丑年，比肩爭財劫財，是不理想的搭配。

壬子與癸丑運，冬水，水旺且冷，甚至是冰凍的水搭配。現象是金生水，整體金旺水也旺，是過於濕冷偏差的狀態，並不易平衡，食傷過旺，容易在想法或是投資方面有些狀況，也要注意情緒及健康方面的變化。流年方面，十二歲的戊辰年，是相當理想的戊土搭配，能擋風、擋水，是不錯的貴人。

甲寅與乙卯運，春木，木的條件不錯，金剋木，旺的木不忌被金剋，只要不過度就可，也就是整體會有不錯的財運與展現，但也相對比較忙碌。流年方面，三十六歲的壬辰年，是相當好的水搭配，金生水且水生木，食傷生財的現象，投資理財都會理想。但在三十八歲的甲午年，甲木相當燥熱，也跟甲寅運地支寅午合火，會讓金剋木現象更明顯，辛酉對於財過旺，會比較費力又有壓力，流年現象明顯會有變動。

丙辰運，現象是火剋金，且丙辛合，辛酉會感覺壓力，但因為丙辰條件不錯，所以也能讓金更旺更有力，而時柱的乙未，重點在炎熱缺水，所以能夠逢到能平衡的流年搭配，會更理想。五十八歲甲寅年，雖然是財出天干木旺，但對辛酉來說，會比較忙碌，甲寅條件相當好，也會有不錯的收穫。

5.壬癸水日主

基本上，水日主理想的搭配是中間到偏弱，也就是春夏季，因為水的特質是旺在秋冬，而弱在春夏。尤其是水如果要育木，也不宜是秋冬的環境，因為濕冷且水過旺則容易無法控制，不管是太過氾濫，或是影響到土或火，都會較無法平衡，所以理想的運勢搭配是春夏運。

一般來說，水若過旺容易出現無法控制的狀況，所以最好是能逢遇旺的土搭配，才能擋水蓄水，不致氾濫，像是戊午、戊申、戊辰……。較旺的水日命盤搭配，也不宜有財出天干的運勢組合，尤其是財弱的搭配，會是不穩定的元素，像是丙子、丁亥、丁丑。如果是偏弱的命盤搭配，其實不忌財出天干，但要注意會有更忙碌的現象。

不管五行的任何元素，若是太過與不及，都會有它的狀況，維持在調和的區間最為理想。

・範例說明，壬日主：

此命盤壬申日主，生於乙卯月，戊午年，壬寅時。男生，陽年天干，走順運。整體四柱的環境溫度屬於稍熱，最低溫的是春支寅卯，最高溫是夏支午，加上秋支申。年柱的戊午，是非常燥熱的戊土，現象是土剋

時柱	日柱(日主)	月柱	年柱		八字本命	男命
46歲之後	31至45歲	16至30歲	1至15歲	虛歲年限		
壬寅	壬申	乙卯	戊午	四柱干支		

58歲至67歲	48歲至57歲	38歲至47歲	28歲至37歲	18歲至27歲	8 歲至17歲	虛歲年限	大運
辛酉	庚申	己未	戊午	丁巳	丙辰	干支	

30	29	28	27	26	25	24	23	22	21	20	19	18	17	16	15	14	13	12	11	10	9	8	7	6	5	4	3	2	1 +60	虛歲	流年
丁亥	丙戌	乙酉	甲申	癸未	壬午	辛巳	庚辰	己卯	戊寅	丁丑	丙子	乙亥	甲戌	癸酉	壬申	辛未	庚午	己巳	戊辰	丁卯	丙寅	乙丑	甲子	癸亥	壬戌	辛酉	庚申	己未	戊午	干支	
60	59	58	57	56	55	54	53	52	51	50	49	48	47	46	45	44	43	42	41	40	39	38	37	36	35	34	33	32	31	虛歲	
丁巳	丙辰	乙卯	甲寅	癸丑	壬子	辛亥	庚戌	己酉	戊申	丁未	丙午	乙巳	甲辰	癸卯	壬寅	辛丑	庚子	己亥	戊戌	丁酉	丙申	乙未	甲午	癸巳	壬辰	辛卯	庚寅	己丑	戊子	干支	

水，是相當旺的七殺，但還好壬申的水屬旺，既能被土剋，也可以育木，月柱的乙卯條件不錯，且時柱壬寅春水但不缺水，整個命盤是屬於調和的搭配。不過依年限來分析，則易有過與不及的狀況。

丙辰與丁巳運，是屬於條件不錯的火搭配，丙辰的火偏旺但不致過熱，現象是火生土、水剋火，對壬申來說，會增加七殺的力道，但整體還算理想，因為戊午的穩定特性能維持一定的環境狀態。而從月柱乙卯啟動，也就是十六歲起，現象明顯是水生木，就要注意乙木的狀況。運勢換到丁巳，是偏旺的丁火，對乙卯與壬申來說，水剋火及水生木，壬申都能有不錯的作用，整體是不錯的運勢搭配，但相對也會因為財出天干而忙碌。

戊午與己未運，夏土，非常燥熱旺盛的土搭配，對壬申來說，是相當旺的官殺，明顯會感覺壓力與忙碌，也容易有煩躁感及情緒起伏，但整體算是理想的運勢，只是會有些過弱的弊病。

所以流年只要不逢遇過旺的火土搭配，都算理想，不過若能逢遇能平衡的組合會更理想，像是三十五歲的壬辰年，是相當理想的水搭配，也能與日主拱壬子，地支也申子辰合水，是屬於理想的比肩搭配，會有不錯的貴人與合夥機會。

庚申與辛酉運，秋天的旺金，現象是金生水，加上時柱的壬寅，金水都旺盛，是相當有力的印。雖然大環境不是低溫的搭配，水的條件都相當理想，但要注意金旺也容易有金剋木的可能，或是火土過弱的搭配出現，會有些不穩定現象。

流年方面，五十二歲的己酉年，是偏弱的己土，無法穩定金水較旺的環境，擋不了金、也剋不了水，也會有氾濫的問題，要注意官殺不穩定的狀況，像是工作、健康方面的變動。而五十三歲的庚戌年，現象是金生水，且與運勢庚申地支合金，整體是相當旺的庚金，代表會有相當不錯的機會出現，可以把握。

或許可以說，前一年的明顯變動狀況，會是下一年好的開始，有時候變動不見得都是不好，而是給自己機會去抓住另一個可能性。

・範例說明，癸日主：

此命盤癸卯日主，生於甲戌月，甲午年，己未時。女生，陽年天干，走逆運。整體四柱的環境溫度屬於偏熱，有兩個夏支午未，加上一春支卯，及一秋支戌。由於年、月柱都是甲木出天干，且地支午戌合火，加上時柱己未是非常燥熱的己土，整體現象是水生木、土剋水，二者都會讓本來就屬弱的癸卯更缺水。癸卯無法孕育這樣旺盛規模的甲木，會有相當的無力感，及沒必要的煩躁。

所以此命盤，是非常非常缺水的癸日主

時柱	日柱(日主)	月柱	年柱			
46歲之後	31至45歲	16至30歲	1至15歲	虛歲 年限	八字本命	女命
己未	癸卯	甲戌	甲午	四柱干支		

52歲至61歲	42歲至51歲	32歲至41歲	22歲至31歲	12歲至21歲	2歲至11歲	虛歲 年限	大運
戊辰	己巳	庚午	辛未	壬申	癸酉	干支	

30	29	28	27	26	25	24	23	22	21	20	19	18	17	16	15	14	13	12	11	10	9	8	7	6	5	4	3	2	1 +60	虛歲	流年
癸亥	壬戌	辛酉	庚申	己未	戊午	丁巳	丙辰	乙卯	甲寅	癸丑	壬子	辛亥	庚戌	己酉	戊申	丁未	丙午	乙巳	甲辰	癸卯	壬寅	辛丑	庚子	己亥	戊戌	丁酉	丙申	乙未	甲午	干支	
60	59	58	57	56	55	54	53	52	51	50	49	48	47	46	45	44	43	42	41	40	39	38	37	36	35	34	33	32	31	虛歲	
癸巳	壬辰	辛卯	庚寅	己丑	戊子	丁亥	丙戌	乙酉	甲申	癸未	壬午	辛巳	庚辰	己卯	戊寅	丁丑	丙子	乙亥	甲戌	癸酉	壬申	辛未	庚午	己巳	戊辰	丁卯	丙寅	乙丑	甲子	干支	

搭配組合，已經是過弱的水，很需要有金水來幫助增水，否則會有無法平衡的弊病。喜神是有力的金水，但不宜再出現過熱的任何搭配，才能解決太缺水的問題。

癸酉與壬申運，是屬於水干支組合相當旺盛活潑，條件非常好，對癸卯來說，是非常理想的運勢，能夠幫助癸卯的缺水，不錯的比劫也會是貴人。流年方面，木旺不忌金剋；水旺也不忌火旺。

但要注意逢遇土弱的狀況，像是十六歲的己酉年，因為年、月干兩個甲木，會爭合己，且運勢壬申也會讓己酉壓力過大，不管是被甲木剋或是剋壬水，都不理想，要注意會是很明顯的變動。

辛未與庚午運，夏天的氣流，是相當弱的金搭配，且重點是在地支燥熱，整體對於要金生水的效果並不好，反而會讓癸卯更弱，所以是屬於中看不中用的印搭配。因為過於缺水，會變得非常不平衡，這樣的運勢會讓癸卯更無力，除了忙碌、勞碌，也可能出現不預期的變動。

流年方面，理想的搭配是能夠緩解缺水現象，像是三十歲的癸亥年，會是不錯的流年組合，弊病也最少。

己巳與戊辰運，屬於相當旺的土搭配，且加上時柱的己未之後，土就更旺盛、更燥熱，對癸卯會是官殺過旺的現象，土剋水，讓癸卯感覺過大的壓力，也是過與不及的現象。所以流年就需要金旺或水旺的搭配，來助水旺，像是四十七歲的庚辰年，甚至是五十四歲的丁亥年，會是不錯的流年運勢。

後記

八字命理可以是既簡單又困難，也可以是既深奧又有趣，就看是如何去分析運用它。但實際上，它的確可以很實用，對未來很有幫助，也可以讓人用不同的角度去看待人生、看待所謂的命運。

就像所有的學科、學問一樣，都是需要常常練習，才能夠熟能生巧。而八字五行理論其實不是玄學，它更像是科學，而且是一套有判斷依據的理論，五行循環有它的運作邏輯，不管是天干或是地支，都有各自的元素屬性，以及季節循環變化的特性。每個命盤代表著每一個人，從基本的個性特質，到運勢運作時的交互作用，以及會產生的現象，都可以分析討論，且若拿捏得當，則會有一定的準確程度。當然不是絕對百分百，但在可能的區間裡，卻很足夠用來建議參考。

「調和」是八字命理的重點，所有的天干地支都可以轉換成各自所代表的五行元素以及特性，因為在地球的大環境之中，木、火、土、金、水五行元素，相生相剋，且生生不息，加上春、夏、秋、冬四季的循環，則會形成一個規律的運作模式。地球上的我們，有著物質的身體，當然也需要依照地球環境來生活，而五行元素不僅是外在環境，連我們的身體也都包含了五行元素及特質，都會被大環境影響。

一個八字命盤裡，有三大部分，本命、大運及流年。本命代表一個人的個人特質，以及各方面的條件狀態，它是四組干支所組合而成，也稱為四柱，包含著出生的年、月、日、時的出生訊息。可以從本命的干支組合搭配中，分析出個人的生命時程，根、苗、花、果四個累加現象，從青年、少年、中壯年到老年，判斷是否五行平衡，是否有哪些面向的失衡或是不足。

而大運，也就是運勢，是命盤中非常重要的部分，主要是用來調整本命的旺弱現象，以及用來平衡本命的失衡現象，甚至是會遇到的整個環境的條件。也就是對一個人來說，會遇到的大方向的環境及狀態，所以運勢是否能出現本命所缺乏，或是本命所喜歡、所需要的搭配，就是所謂的喜神，或是變成過與不及的忌神。當逢到喜神的運勢，整體就是能夠平衡本命的干支環境，也會是不錯的及時救援。

流年，代表每一年的運勢現象，也都有每年的干支組合，每六十年會有一次循環，它會跟本命及運勢有相互間的生剋作用，主要現象是影響命盤裡的事件或狀況，且不管事情是好或是壞，總之會出現實際上的狀況。

舉例來說，就像是一台車開在路上，車子的基本條件：品牌、性能、新舊、馬力，甚至是顏色，車子是本命的部分；而大運是車所行走的道路類型與環境狀態，像是高速公路、普通柏油路、水泥路、或是砂石路……，加上天氣狀態，是否良好，是否會颳風下雨，或氣溫過冷、過熱，或是大太陽，甚至是下雪、下冰刨……等。而流年運勢，則是某些突發狀況，或是出現不預期的人、事、物，而造成實際上的變動或是影響，像是路上突然有路樹倒塌而阻擋去路；或是超大太陽非常炎熱，但卻幸運的下了場小雨……。

就短期來說，如果是太過或不及的不平衡命盤，真的就逢遇喜神的運勢，的確是幸運的事，畢竟能夠平衡，在任何狀況發生時，都會比較有辦法處理，也會比較屬於水到渠成。但就長期來說，實際上不太可能一直都逢遇到理想的運勢，因為運勢會依照年限而變換，畢竟干支有一定的循環規則，即使一樣的天干要再出現，至少要再經過十個其他的天干，才會再出現，而地支的循環則有十兩個一輪。

意思是說，大部分的命盤，都是好運、壞運都會有，而差別只是在每個命盤的屬性特性不同，而造成一連串不同的選擇與結果。但如果要細究的話，的確會有某部分的命盤，屬於無法平衡的類型，而這樣的命盤，其實已經不太需要去討論運勢狀況，因為好壞的影響都不大。

所以，如果就長期來說，運勢其實是公平的，有好有不好，有起伏也會有穩定，重點是要如何去瞭解運勢現象，然後才能趨吉避凶，把握好運，也能夠避免壞運勢，這是八字命盤分析的主因，用另一種角度去切入人生，理解之後能對人生有幫助。

從命盤上來看，如果分析判斷得宜，要知道是否「調和」，並不是難事，因為有一定的模式可以歸納，而且即使並不平衡的命盤，也都可以有方法能去調和它，但或許在實際的命盤上根本遇不到喜神，知道了也無能無力，根本沒機會遇到最理想的搭配，只能退而求其次，選擇有些弊病但還可接受的運勢。這些常常都是很現實的狀況，並不是想要就會出現，或是不想要就可以不要的。

如果說人生是一連串的選擇組合而成，會因為每個人的個性不同而做出不一樣的決定，的確會造成越來越大的差異。而個性較類似的人，的確會做出較相似的選擇，所走的路徑也會有相似之處。

或許運勢很現實，有的人會走得比較辛苦，也有的人可以比較輕鬆如意，但為何會有這些差距？其實最根本的原因，是一開始的命盤就有差異，加上運勢也有好、有壞，整個加總起來，就會很不一樣。所以，或許該討論的問題，是為何你會是這樣一組命盤？而我會是那樣一組命盤？而他會是另一組命盤……。但這些都是一出生就已經寫好了，已經選擇好了自己的那組命盤。

不過如果要探討到前世的話，就會超過範圍且沒完沒了，所以比較聰明的方式，就是去接受自己此生的運勢以及人生功課（如果要把人生的辛苦與困難稱為人生功課的話），然後除了盡量去趨吉避凶之外，還要好好的去面對問題解決問題，放下問題之後，問題就自然不會再是問題。所以，人生可以是幸運，也可以是無奈，就看個人如何去看待。

其實，不管是八字命理，或是其他的身、心、靈領域，能夠維持平衡，維持在中道的調和之中，都會是比較理想的狀態，問題也會比較少。

而平衡之法，終究是要靠自我的調整，靠自我去努力，當然好的運勢容易水到渠成，順風順水，但不理想的運勢，就需要更加努力調整、去面對，不然人們只會被所謂的命運給帶著走。但若要能不被運勢影響，只有不斷地提升自己，打開眼界及心量，才能看得更高、更遠，有更寬廣的心態去看待所有的人、事、物、境，選擇自然就會不同。

當我們有足夠的智慧，當我們的心有力量時，就能在任何的狀況中做出最適當的選擇，也就不會再被命運影響太多，或是出現無法平衡的狀況。所以，心法是最理想，且最沒後遺症的平衡之法。

筠綠

2023/03

國家圖書館出版品預行編目資料

八字五行平衡之法 / 筠綠著.
第一版－－臺北市：知青頻道出版；
紅螞蟻圖書發行，2023.08
面 ； 公分－－(Easy Quick；203)
ISBN 978-986-488-248-9（平裝）

1.CST: 命書 2.CST: 生辰八字

293.12　　112012048

Easy Quick 203
八字五行平衡之法
作　　者／筠　綠
發 行 人／賴秀珍
總 編 輯／何南輝
校　　對／周英嬌、筠綠
美術構成／沙海潛行
封面設計／引子設計
出　　版／知青頻道出版有限公司
發　　行／紅螞蟻圖書有限公司
地　　址／台北市內湖區舊宗路二段121巷19號（紅螞蟻資訊大樓）
網　　站／www.e-redant.com
郵撥帳號／1604621-1　紅螞蟻圖書有限公司
電　　話／(02)2795-3656（代表號）
傳　　真／(02)2795-4100
登 記 證／局版北市業字第796號
法律顧問／許晏賓律師
印 刷 廠／卡樂彩色製版印刷有限公司
出版日期／2023年 8月　第一版第一刷

定價 300 元　港幣 100 元

ISBN 978-986-488-248-9　　Printed in Taiwan